贾东 主编 建筑与文化·认知与营造 系列丛书

北京社区老年支援体系研究

许方 著

中国建筑工业出版社

图书在版编目（CIP）数据

北京社区老年支援体系研究/许方著. —北京：中国建筑工业出版社，2013.10
（建筑与文化·认知与营造　系列丛书/贾东主编）
ISBN 978-7-112-15705-1

Ⅰ.①北… Ⅱ.①许… Ⅲ.①养老-社区服务-研究-北京市 Ⅳ.①D669.6

中国版本图书馆CIP数据核字（2013）第184950号

责任编辑：唐　旭　张　华
责任校对：肖　剑　刘梦然

建筑与文化·认知与营造　系列丛书
贾东　主编
北京社区老年支援体系研究
许　方　著
*
中国建筑工业出版社出版、发行（北京西郊百万庄）
各地新华书店、建筑书店经销
北京嘉泰利德公司制版
北京中科印刷有限公司印刷
*
开本：787×1092毫米　1/16　印张：9¾　字数：240千字
2013年11月第一版　2013年11月第一次印刷
定价：36.00元
ISBN 978-7-112-15705-1
　　　（24290）

版权所有　翻印必究
如有印装质量问题，可寄本社退换
（邮政编码　100037）

总　序

　　人做一件事情，总是跟自己的经历有很多关系。

　　1983年，我考上了大学，在清华大学建筑系学习建筑学专业。

　　大学五年，逐步拓展了我对建筑空间与形态的认识，同时也学习了很多其他的知识。大学二年级时做的一个木头房子的设计，至今还经常令自己回味。

　　回想起来，在那个年代的学习，有很多所得，我感谢母校，感谢老师。而当时的建筑学学习不像现在这样，有很多具体的手工模型。我的大学五年，只做过简单的几个模型。如果大学二年级时做的那一个木头房子的设计，是以实体工作模型的方式进行，可能会更多地影响我对建筑的理解。

　　1988年大学毕业以后，我到设计院工作了两年，那两年参与了很多实际建筑工程设计。而在实际建筑工程设计中，许多人关心的也是建筑的空间与形态，而设计人员落实的却是实实在在的空间界面怎么做的问题，要解决很多具体的材料及其做法，而多数解决之道就是引用标准图，通俗地说，就是"画施工图吹泡泡"。当时并没有意识到，这种"吹泡泡"的过程其实是对于建筑理解的又一个起点。

　　1990年到1993年，我又回到了清华大学，跟随单德启先生学习。跟随先生搞的课题是广西壮族自治区融水民居改造，其主要的内容是用适宜材料代替木材。这个改进意义是巨大的，其落脚点在材料上。这时候再回味自己前两年工作实践中的很多问题，不是简单地"画施工图吹泡泡"就可以解决的。自己开始初步认识到，建筑的发展，除了文化、场所、环境等种种因素以外，更多的还是要落实到"用什么、怎么做、怎么组织"的问题。

　　我的硕士论文题目是《中国传统民居改建实践及系统观》。今天想来，这个题目宏大而略显宽泛，但另一方面，对于自己开始学习着去全面地而不是片面地认识建筑，其肇始意义还是很大的。我很感谢母校与先生对自己的浅薄与锐气的包容与鼓励。

　　硕士毕业后，我又到设计院工作了八年。这八年中，在不同的工作岗位上，对"用什么、怎么做、怎么组织"的理解又深刻了一些，包括技术层面的和综合层面的。有一些专业设计或工程实践的结果是各方面的因素加起来让人哭笑不得的结果。而从专业角度，我对于"画施工图吹泡泡"，有了更多的理解、无奈和思考。

　　随着年龄的增长及十年设计院实际工程设计工作中，对不同建筑实践进一步的接触和思考，我对材料的意义体会越来越深刻。"用什么、怎么做、怎么组织"的问题包含了诸多辩证的矛盾，时代与永恒、靡费与品位、个性与标准。

十多年以前，我回到大学里担任教师，同时也参与一些工程实践。在这个过程中，我也在不断地思考一个问题——建筑学类的教育的落脚点在哪里？

建筑学类的教育是很广泛的。从学科划分来看，今天的建筑学类有建筑学、城市规划、风景园林学三个一级学科。这三个一级学科平行发展，三者同源、同理、同步。它们的共同点在于，都有一个"用什么、怎么做、怎么组织"的问题，还有对这一切怎么认知的问题。

有三个方面，我也是一直在一个不断认知学习的过程中。而随着自己不断学习，越来越体会到，我们的认知也是发展变化的。

第一个方面，建筑与文化的矛盾。

作为一个经过一定学习与实践的建筑学专业教师，自己对建筑是什么、文化是什么是有一定理解的。但是，随着学习与研究的深入，越来越觉得自己的理解是不全面的。在这里暂且不谈建筑与文化是什么，只想说一下建筑与文化的矛盾。在时间上，建筑更是一种行为，而文化更是一种结果；在空间上，建筑作为一种物质存在，它更多的是一些点，文化作为一种精神习惯，它更多的是一些脉络。就所谓的"空"和"间"两个字而言，文化似乎更趋向于广袤而延绵的"空"，而建筑更趋向于具体而独特的"间"。因而，在地位上，建筑与文化的坐标体系是不对称的。正因为其不对称，却又有着这样那样的对应关系，所以建筑与文化的矛盾是一系列长久而有意义的问题。

第二个方面，营造的三个含义。

建筑其用是空间，空间界面却不是一条线，而是材料的组织体系。

建筑其用不止于空间，其文化意义在于其形态涵义，而其形态又是时间的组织体系。

对营造的第一个理解，是以材料应用为核心的一个技术体系，如营造法式、营造法则等。中国古代建筑的辉煌成就正是基于以木材为核心的营造体系的日臻完善。

对营造的第二个理解，是以传统营造为内容的研究体系，如先辈创办的中国营造学社等。

对营造的第三个理解，则是符合人的需要的、各类技术结合的体系。并不是新的快的大的就是好的。正如小的也许是好的，我们认为，慢的也许是更好的。

至此，建筑、文化、认知、营造这几个词已经全部呈现出来了。

对建筑、文化、营造这三个概念该如何认知，是建筑学类教育的一个基本命题。

第三个方面，建筑、文化、认知、营造几个词汇的多组合。

建筑、文化、认知、营造几个词汇产生很多组合，这里面也蕴含了很多互动关系。如，建筑认知、认知建筑，建筑营造、营造建筑，建筑文化、文化建筑，文化认知、认知文化，文化营造、营造文化，认知营造、营造认知，等等。

还有建筑与文化的认知，建筑与文化的营造，等等。

这些组合每一组都有一个非常丰富的含义。

经过认真的考虑，把这一套系列丛书定名为"建筑与文化·认知与营造"，它是由四个关键词组成的，在一定程度上也是一种平行、互动的关系。丛书涉及建筑类学科平台下的建筑学、城乡规划学、风景园林学三个一级学科，既有实践应用也有理论创新，基本支撑起"建筑、文化、认知、营造"这样一个营造体系的理论框架。

我本人之《中西建筑十五讲》试图以一本小书的篇幅来阐释关于建筑的脉络，试图梳理清楚建筑、文化、认知、营造的种种关联。这本书是一本线索式的书，是一个专业学习过程的小结，也是一个专业学习过程的起点，也是面对非建筑类专业学生的素质普及书。

杨绪波老师之《聚落认知与民居建筑测绘》以测绘技术为手段，对民居建筑聚落进行科学的调查和分析，进行对单体建筑的营造技术、空间构成、传统美学的学习，进而启迪对传统聚落的整体思考。

王小斌老师之《徽州民居营造》，偏重于聚落整体层面的研究，以徽州民居空间营造为对象，对传统徽州民居建筑所在的地理生态环境和人文情态语境进行叙述，对徽州民居展开了从"认知"到"文化"不同视角的研究，并结合徽州民居典型聚落与建筑空间的调研展开一些认知层面的分析。

王新征老师之《技术与今天的城市》，以城市公共空间为研究对象，对20世纪城市理论的若干重要问题进行了重新解读，并重点探讨了当代以个人计算机和互联网为特征的技术革命对城市的生活、文化、空间产生的影响，以及建筑师在这一过程中面临的问题和所起到的作用，在当代建筑和城市理论领域进行探索。

袁琳老师之《宋代城市形态和官署建筑制度研究》，关注两宋的城市和建筑群的基址规模规律和空间形态特征，展示的是建筑历史理论领域的特定时代和对象的"横断面"。

于海漪老师之《重访张謇走过的日本城市》，对中国近代实业家张謇于20世纪初访问日本城市的经历进行重新探访、整理、比较和分析，对日本近代城市建设史展开研究。

许方老师之《北京社区老年支援体系研究》以城市社会学的视角和研究方法切入研究，旨在探讨在老龄化社会背景下，社区的物质环境和服务环境如何有助于老年人的生活。

杨鑫老师之《经营自然与北欧当代景观》，以北欧当代景观设计作品为切入点，研究自然化景观设计，这也是她在地域性景观设计领域的第三本著作。

彭历老师之《解读北京城市遗址公园》，以北京城市遗址公园为研究对象，研究其园林艺术特征，分析其与城市的关系，研究其作为遗址保护展示空间和城市公共空间的社会价值。

这一套书是许多志同道合的同事，以各自专业兴趣为出发点，并在此基础上的不断实践和思考过程中，慢慢写就的。在学术上，作者之间的关系是独立的、自由的。

这一套书由北京市教育委员会人才强教等项目和北方工业大学重点项目资助，以北方工业大学建筑营造体系研究所为平台组织撰写。其中，《中西建筑十五讲》为《全国大学生文化素质教育》丛书之一。在此，对所有的关心和支持表示感谢。

我们经过探讨认为，"建筑与文化·认知与营造"系列丛书应该有这样三个特点。

第一，这一套书，它不可能是一大整套很完备的体系，因为我们能力浅薄，而那种很完备的体系可能几十本、几百本书也无法全面容纳。但是，这一套书之每一本，一定是比较专业且利于我们学生来学习的。

第二，这一套书之每一本，应该是比较集中、生动和实用的。这一套书之每一本，其对应的研究领域之总体，或许已经有其他书做过更加权威性的论述，而我们更加集中于阐述这一领域的某一分支、某一片段或某一认知方式，是生动而实用的。

第三，我们强调每一个作者对其阐述内容的理解，其脉络要清楚并有过程感。我们希望这种互动成为教师和学生之间教学相长的一种方式。

作为教师，是同学生一起不断成长的。确切地说，是老师和学生都在同学问一起成长。

如前面所讲，由于我们都仍然处在学习过程当中，书中会出现很多问题和不足，希望大家多多指正，也希望大家共同来探究一些问题，衷心地感谢大家！

贾 东

2013年春于北方工业大学

目　录

总　序

第1章　绪　论 / 001
  1.1　研究背景、目的和方法 / 001
  1.2　文献综述与本研究的位置 / 015
  1.3　调查对象 / 022
  1.4　相关概念 / 023

第2章　社区主导模式：Q社区老年支援体系 / 025
  2.1　调查概况 / 025
  2.2　Q社区的居住环境 / 027
  2.3　Q社区老年人的生活状况 / 032
  2.4　无围墙敬老院的产生与发展 / 035
  2.5　Q社区居家养老支援体系模式分析 / 040
  2.6　结论 / 043

第3章　政府主导模式：N街道老年支援体系 / 044
  3.1　N街道的今昔 / 044
  3.2　研究的目的与方法 / 050
  3.3　N社区老年支援体系的形成与特征 / 050
  3.4　社区层次的老年支援传统与特色 / 054
  3.5　社区老年支援体系的模式与启示 / 058
  3.6　结论 / 060

第4章　市场主导模式：D社区老年支援体系 / 061
  4.1　调查概况 / 061
  4.2　社区老年支援体系的构成 / 067
  4.3　居住实态与居民评价 / 072

4.4 社区老年支援体系的构成及模式分析 / 084
4.5 小结 / 085

第5章 模式比较分析 / 087
5.1 本章的研究目的和方法 / 087
5.2 社区住宅、设施和公共空间的比较 / 087
5.3 社区老年支援体系的优缺点比较 / 092
5.4 社区老年支援的特征 / 094
5.5 社区老年支援体系的结构 / 096
5.6 小结 / 099

第6章 结 论 / 101
6.1 结论 / 101
6.2 研究展望 / 101

附录1 中国老年政策法规与大事记 / 103
附录2 Q社区调查访谈录 / 107
附录3 N街道调查访谈录 / 109
附录4 D社区问卷调查表 / 111
附录5 D社区调查访谈录 / 116
附录6 D社区问卷调查统计结果 / 119
参考文献 / 144
致 谢 / 148

第1章 绪 论

1.1 研究背景、目的和方法

1.1.1 研究背景

1. 老龄化快速增长与老年人的多样化需求

1）北京市人口老龄化状况

2000年第5次人口普查的统计结果显示,中国60岁及以上的老年人口已占总人口的10.45%,65岁及以上的老年人口已占总人口的7.09%,这标志着中国于2000年10月底步入了老龄化社会的行列(图1-1)。北京从1990年开始步入老龄化阶段。至2005年底,全市60岁及以上常住老年人口224.3万人,占全市常住人口的14.6%(图1-2,北京人口学会等编,2006)。

另外,未来一段时期,老龄化将呈加速化发展。未来10年中,新中国成立后第一次生育高峰期(1954~1958年)出生的人口将陆续步入他们的60岁,进入老年。预计到2020年,北京市的老年人口将达到350万,将占全市人口的18.5%(北京人口学会等编,2006)。

中国人口老龄化呈现出高速增长、高龄老人比例大、老人数量大、老年抚养比大、地区差异大等特征。我国老年人口的结构、增长及与国际的比较详见图1-3~图1-7(曾毅,2004)。

截止到2007年,北京市常住人口为1633.0万人,其中中心区206.9万人,人口密度22394人/km^2,近郊区人口805.4万人,密度6312人/km^2。

2）老年人家庭结构及居住方式

与城市人口老龄化趋势的发展相比,中国传统的家庭养老模式的现状不容乐观。首先,中国自1980年以来实施的独生子女政策,使城市家庭户平均规模显著减小,核心家庭比例大幅度上升(表1-1)。北京市的家庭户规模,城镇部分一人户、二人户、三人户、四人户、五人及以上户所占比重分别为15.8%、32.3%、36.7%、9.4%、5.8%。

同时,纯老年人家庭户,即空巢家庭,包括单身老年人或老年夫妇的数量呈不断增长趋势(图1-8、图1-9)。与城市人口老龄化程度提高平行发展的,是中国传统家庭所能提供的养老功能日渐减弱。2005年,北京市纯老年人家庭户共50.4万户,占老年人家庭户的33.3%(表1-2,北京人口学会等编,2006)。

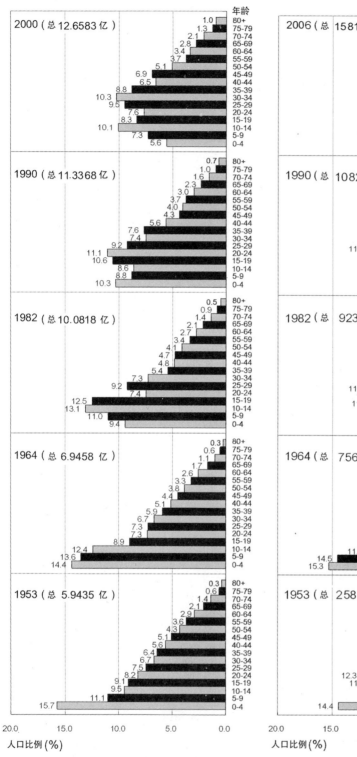
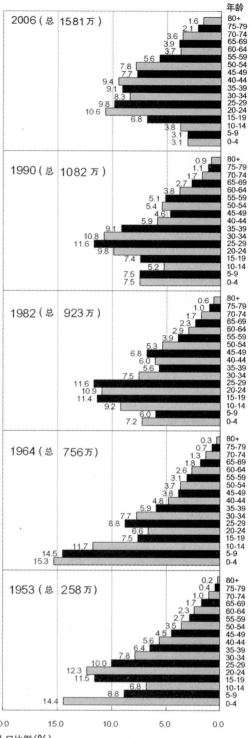

图 1-1　全国人口结构
　　数据来源:《中国人口年鉴》(1985);《中国1990年人口普查资料》(1993);《中国人口年鉴2003》(2003);《中国人口统计年鉴》(2001,2004)

图 1-2　北京市的人口结构
　　数据来源:《北京五十年》(1999);《北京统计年鉴》(2007)

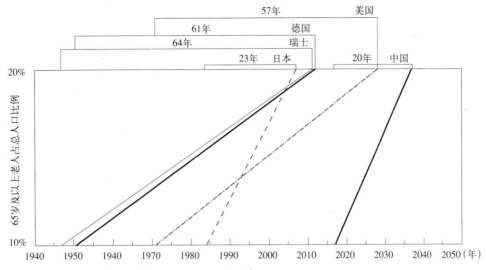

图 1-3　65 岁及以上人口比率由 10% 增至 20% 的时间预测

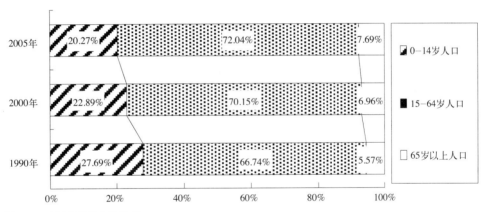

图 1-4　中国人口的年龄构成

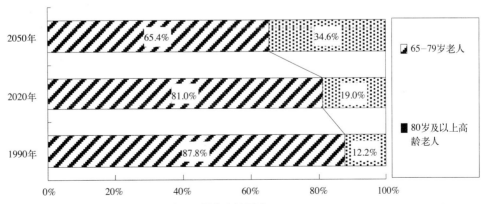

图 1-5　80 岁及以上占 65 岁及以上人口总量的比例预测

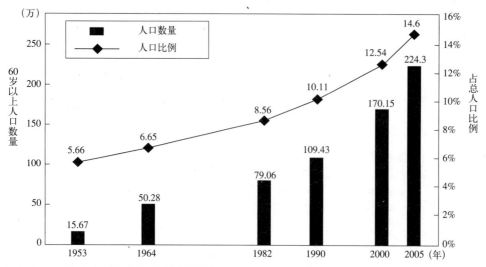

图1-6 北京市60岁以上人口总量及比例变化

全国及北京家庭户平均规模（1931~2005年）　　　　表1-1

时期	资料来源	全国家庭户平均规模（人/户）	北京家庭户平均规模（人/户）
1931年	金陵大学美籍卜凯教授的调查	5.21	
1930~1940年	社科院人口研究中心组织的生育史调查	5.58	
1953年	第一次全国人口普查	4.30	
1964年	第二次全国人口普查	4.29	
1973年	户籍统计	4.78	
1982年	第三次全国人口普查	4.43	3.7
1990年	第四次全国人口普查	3.96	3.2
2000年	第五次全国人口普查	3.44	2.9
2005年	2005年全国1%人口抽样调查	3.13（城镇2.97，农村3.27）	2.58*
2010年	第六次全国人口普查		

资料来源：1. 曾毅. 中国人口分析. 北京：北京大学出版社，2004：102；
　　　　　2. 2000年第五次全国人口普查主要数据公报，中国人口信息网；
　　　　　3. 2005年全国1%人口抽样调查主要数据公报，中国人口信息网。
* 为2006年数据，数据来源为城市公共保险司，2007年

北京老年空巢家庭的增长　　　　表1-2

	老年家庭（60+）（每万家庭户数/%[1]）	空巢家庭（每万家庭户数/%[2]）	夫妇空巢家庭（%[3]）
2000年	117.2/28.6	31.5/26.8	—
2005年	151.2/28.8	50.4/33.3	37.1

注：1. 老年家庭的比例为占北京市家庭总数的比例数；
　　2. 空巢家庭的比例为占北京市老年家庭总数的比例数；
　　3. 夫妇空巢家庭的比例为占北京市空巢家庭总数的比例数
资料来源：BCA等. 2006：2.

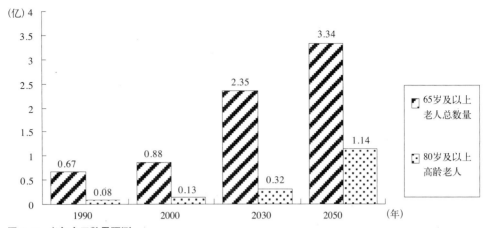

图 1-7 老年人口数量预测

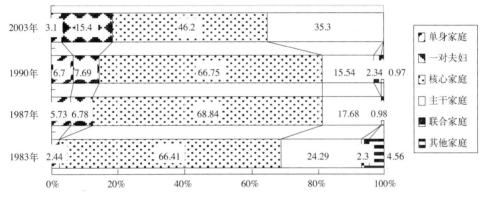

图 1-8 中国城市家庭结构分布

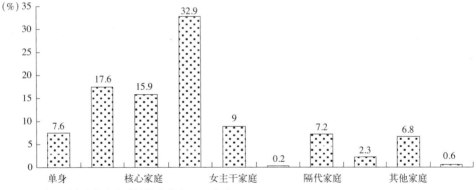

图 1-9 中国城市老年人家庭结构分布（2000年）

另外，城市家庭居住条件和居住方式的变化，对老年人的家庭支援也有较大影响。城市家庭居住条件不断改善，根据《2005中国社会发展研究报告》的调查，2003年中国城市家庭的平均居住面积为74.94平方米，人均面积为23.92平方米。家庭自有住房比例高，有12.8%的城市家庭有不止一处住房。大部分的中国城市居民还居住在单位社区中，占42.3%（图1-10、图1-11）。

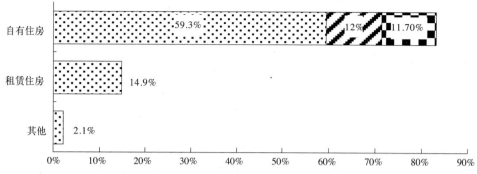

图1-10 中国城市住房所有权比例（2003年）

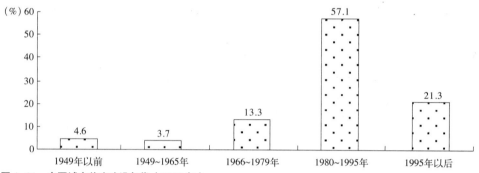

图1-11 中国城市住宅建设年代（2003年）

北京市城镇居民的家庭居住情况：房屋产权方面，租赁公房、租赁私房、原有私房、房改私房、商品房、其他所占比重分别为15.2%、1%、1.6%、63.2%、17.4%、1.8%。住宅以二居室及三居室为最多，分别占60.6%和23.9%。人均住宅使用面积20.30平方米。住宅设备状况：98.3%使用独用自来水，94.1%拥有厕所和浴室卫生设备，95.1%的家庭有暖气设备，76.4%使用管道煤气，22.6%使用液化石油气。

3）老年人服务

一些社会机构为老年人提供护理照料服务，例如老年人社会福利机构、敬老院、老年公寓、养老院等。但是由于国家的福利政策和资金限制，政府或社会开办的养老服务机构数量不足以应对快速的老龄化发展。到2005年底，北京市共有养老服务机构313所，总床位数为30267张，每百名老人拥有床位1.3张，入住人数约为1.7万人，约占全市常住老年人口总数的0.8%。

虽然老年人对于护理照料的需求很大，但是更多的老年人却宁愿选择住在自己家中，而不愿去养老机构。北京市2005年的一项调查显示，12.6%的老年人愿意选择养老机构，其中不少老人选择去养老机构是为了不影响其他的家庭成员，也就是不给儿女添麻烦。另外，其中的半数表示如果不到不能自理的地步不会去养老机构（北京人口学会等编，2006）。

近年来，人们越来越重视社区服务在各方面对于老年支持所起的作用，如医疗服务、家务等。推进社区服务的一个重要目的就是补充和完善家庭养老和机构养老的不足和缺乏。但事实上，老人使用社区服务却远远低于对它们的需求（表1-3）。

北京市社区老年照顾服务的使用和需求调查结果（单位：%）　　表1-3

		社区医疗服务	养老院	家务	看护	紧急呼救
使用状况	经常	33.3	3.7	13.1	6.6	3.8
	偶尔	37.2	4.1	12.8	18.4	14.2
	不使用	29.5	92.2	74.1	75	82
	总计	100	100	100	100	100
需求状况	现在需要	86.7	51.7	50.8	55.2	60.9
	将来需要	6.2	21.5	19.3	17.2	17.7
	不需要	7.1	26.8	29.9	27.6	21.5
	总计	100	100	100	100	100

调查还显示，在北京，6.2%的老年人不能自理[1]，11.9%的老年人需要日常照料[2]，对多样化社区服务的需求高，例如92.9%的老年人有社区医疗服务的需求，78.6%的老年人有紧急呼救的需要，超过70%的老年人有养老院、家务、看护的需求。但与较高的需求相反，老年人目前对这些社区服务的使用频率却并不高，显示出社区服务与老年人需求之间的脱节。

资料来源：BCA等，2006，p4-5；注1来源于NBSC，2000；注2来源于2006年北京城市和农村老年人状况调查的数据。

4）生活方式的多样化

自1999年以来，北京市经济增长较快，连续9年保持两位数增长，2007年，人均GDP 7654USD，达到中等发达国家水平。城镇居民人均可支配收入21989元，增长13.9%。财政收入大幅增加，2007年实现1492.6亿元，增长33.6%，地方财政支出1649.5亿元，增长27.2%。财政支出向公共服务、社会领域倾斜。

在养老保险方面，虽然城市的老年人大多有退休金，但是由于退休前的职业、职位等因素，退休老年人的退休金差别较大，跨度从几百元到五六千元（注：按照2006年的调查数据）。同时，伴随着社会分层和生活方式的多样化，老年人护理的需求也呈多样化。

另一方面，老年人作为整体，其日常生活又具有相对的规律性，其中，休闲娱乐在其生活中占据重要地位和作用。根据一项对北京城市老年人的作息时间的调查显示，老年人除了睡眠、就餐和盥洗等基本的生活行为之外，在家务上花费约3小时，购物约1小时，休闲约7小时，因而老年人娱乐休闲的需求与照顾同样重要。

5）居家养老事业的发展

2000年，中国步入了老龄化社会。至2005年，北京市60岁及以上的老年人口达到224.3万，并且未来老龄化将呈加速度发展。但是，中国传统的家庭养老功能日渐减弱,这一方面是由于20世纪70年代末期开始的计划生育政策带来的家庭规模的急剧减小,另一方面是由于分别居住,而且养老机构也只能提供每100位老年人1.3床。

为了应对日益严峻的养老问题,在北京和其他快速老龄化的城市,如上海、大连、青岛等地,"居家养老"这种新的社区养老模式正在兴起,它多由政府主导,以社区服务为依托,经过几年的探索实践,形成了一些较为切实可行的示范模式。

2. 城市住宅和社区转型

1998年以前,中国大陆的城市劳动者只需缴纳很低的租金,就可以居住在单位分配的住房里,这是一种国家福利。单位负责房屋的管理和维护,所以单位社区占有很高的比例。1998年,以前属于福利的住房逐渐出售给居民,成为私有住房,称为房改房。之后,单位不再为居住者提供住房维修和服务,转而由社区、物业公司等社会化机构负责,单位社区走向社会,我们称之为后单位社区。我们这里讨论的Q社区是一个典型的后单位社区。在社区层次的支援体系还没有出现的时候,后单位社区已不能够获得单位的支持,这使居家老人的生活更加困难。

在1978年经济体制改革前,中国社区的运作是以单位为主导,同时由街道办事处和居民委员会辅助的。街道办事处在法律上是政府的一个派出机关,它和居民委员会共同发挥城市社会管理职能。法律规定,居民委员会是一种民间组织,由居民进行自我管理、自我教育和自我服务。其功能的一个方面是执行由街道办事处下达的任务,另一方面则是组织和服务居民。近年来,随着城市体制和管理模式的改革,在深圳、广州、北京等城市进行了"居改社"改造,即将原来规模普遍较小的居委会和家委会重组为新的居住区管理机构,并按照地域性、认同感和利益性等原则重新划定居住区范围,统一改称社区,居委会改称社区居民委员会,北京市的社区规模大约为1500户。

1)住房制度改革

在计划经济时期(1949~1990年),城镇职工实行福利住房制度,主要包括职工单位以低租金提供给职工住房,同时,单位负责住房的管理与维护,相应地,单位提供其他的福利和各种服务,如托儿所、卫生所、养老服务、菜店等日用商店等。

但是,随着20世纪90年代的住房制度改革试点的展开,到1998年终止了城镇职工住房的实物分配的福利制度,城市住房的供给逐渐转变为以市场供应为主。1998年后,商品房建设快速增长,如2002年,包括北京市的东部地区,商品住房建设量占所有新建住房的比例为18%,到2006年和2007年,其份额超过70%(图1-12)。

职工先前租住的公房大部分出售给了职工,成为私有住房,即所谓的房改房,如北京市拥有房改房的家庭比例占63.2%,拥有商品房的占17.4%(2007年,

全国及分区域城市家庭居住社区环境比较（2003年，单位：%）　表1-4

	未改造老城区（街坊型社区）	单一或混合单位社区	别墅区或高级住宅区	移民社区	普通商品房小区	集镇社区	新近由农村社区转变过来的城市社区	其他
东部	26.20	40.10	1.70	0.90	18.70	3.70	8.40	0.20
中部	22.10	41.30	1.20	0.8	9.80	16.40	8.10	0.20
西部	9.80	55.70	0	0	2.50	21.90	10.20	
全国	23.00	42.30	1.3	0.80	13.90	9.90	8.50	0.20

资料来源：2005中国社会发展研究报告

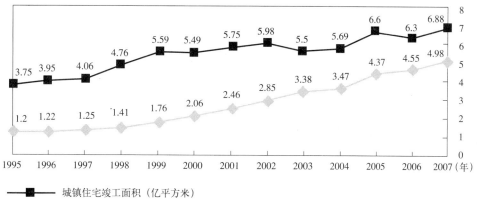

图1-12　商品住宅建设量变化

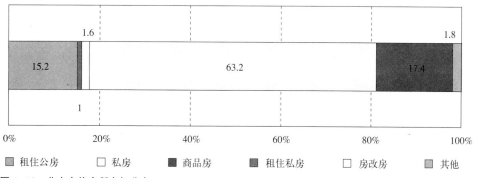

图1-13　北京市住房所有权分布

图1-13），因此，住房改革政策给大多数老年人带来两个主要的影响：拥有一套自己的房子和失去单位的福利。

2）城市管理体制的转变

在计划经济时期，中国城市是由单位体制管理与组织的，而街道办事处和居民委员会担任一个辅助的角色。伴随着近年来的中国社会体制改革，城市管理体系也处于一个转型期。在基础层面上，有街道办事处和居委会，依据1954年12

月人大通过的《城市街道办事处组织条例》和《城市居民委员会组织条例》,这两个城市基层组织从1956年末开始在全国范围内逐渐建立起来,其主要目的是控制不属于任何单位并居住在当地的居民,这样,不需设置其他的政府机构(雷洁琼,2001)。

居委会与社区居民在长期的服务管理中慢慢建立起较为紧密的关系,从其设立之初起,为居民提供了很多很好的服务,如开办托儿所、幼儿园、小饭桌、小工厂等,帮助居民就业,或者提供老年服务。自从20世纪90年代以来,随着老龄化的发展,一些居委会更注重对老年人的关怀,如组织志愿者帮助居家的老人,设立老饭桌、开办敬老院等。

自改革开放以来,街道办事处承担越来越多的职能,在城市建设管理上越来越重要。在中国大陆,社区建设的观念于1991年5月首次由民政部提出。这是来自于西方的实践和概念,这一步伐是有意建立起有一定能量的社区体系,也是与城市改革相一致的基础。然而,先前的街—居体系在组织、人员方面力量较为薄弱,缺乏资金支持,因而不能给新社区需要承担的复杂的任务提供足够的支持。因此,政府强烈要求民政部提高社区建设,发挥街—居体系的作用。政府的目的在于建立一个强有力的社区,可以给予企业改革以支持和保证,消除社会压力,确保社会稳定性(图1-14,雷洁琼,2001)。

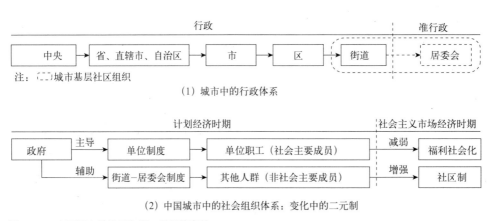

图1-14 中国城市单位制和街—居制的变迁

3)社区制的形成

社区作为城市基层组织,现在更多地由于城市管理体制改革而受到注意。"社区"一词现在已经在日常生活中被广泛地使用,社区建设和社区发展也不断地渗入到从政治、管理文化到服务商业等各个领域中的日常工作中去。在这种情况下,北京于2003年基本完成了社区制改革,调整后的城市社区共计2554个,其规模从1000到3000户不等。每个社区都建立了社区居民委员会,在社区层面上,着手开展大量的公共服务,老年服务是其中最重要的服务之一。

经济政治体制的改革,改变了社会结构。首先,社会人员有更多的流动性,下岗职工、离退休人员、进城农民工的人数快速增长。这样,社区服务的对象大大增加了。其次,政府职能正在转移给社会和社区,这就导致了更多的社会事务转移到社区,例如部分人员的医疗保险、养老保险等从工作单位分离开来,转移到社区管理。因此,社区的作用和地位慢慢提高,表明城市社会的组织方式与社会管理方式慢慢改变了。街道办事处和社区居委会掌管了更多的职能,往往有了更多的权力,并更能独立于行政。它们承担了大量的社区服务、社区辅助就业和社区安全等工作。

4)多样化的社区

中国的城市地区,社区主要有7种类型,分别是传统社区、单位社区、商品房社区、移民社区、高档社区、集镇社区和新近城市化的社区。单位社区所占比例很大,2003年的某调查数据显示其比例占40.1%,传统社区占26.2%,商品房社区的比例为18.7%(图1-15,郑等,2003,数据为中国东部地区的数据)。

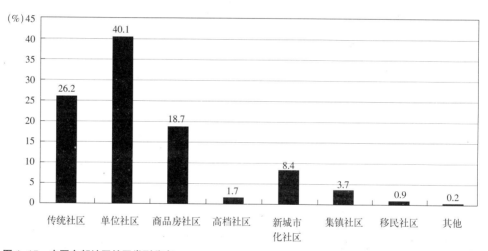

图1-15 中国东部地区社区类型分布

在北京,由于大量的中央政府机构的存在,单位社区所占比例较高。但90年代以后,原有的福利住房出售给职工,转变为私有住房,单位社区也慢慢转变为一种社会性的社区,也不再为职工住房提供维护和修缮等服务(吕俊华主编,2003)(图1-16)。

5)小结

中国的住房和社区体制:第一,20世纪90年代后期,城镇住房体系由福利住房系统改变为主要由市场提供,同时,计划经济时期的公共住房以及福利政策也改变为由社会提供。第二,随着经济社会的改革,在城市,单位制主导社会组织结构转变为与街道居委会共同主导。第三,社区已经成为社会的一个基本组织单元,社区制也就成为城市的一个最重要的组织系统。

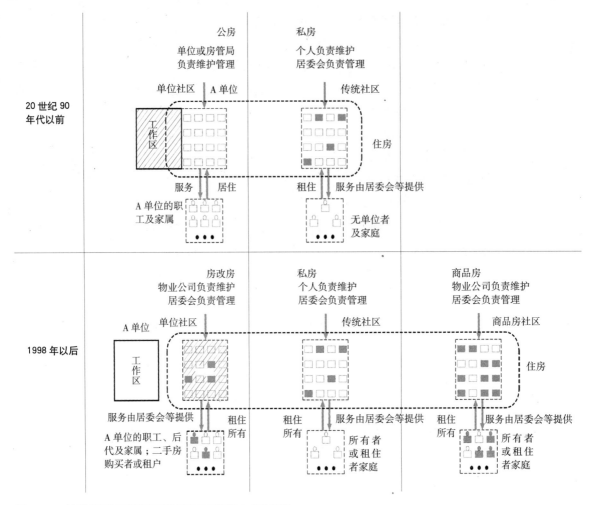

图 1-16　中国城镇住房制度改革前后的社区服务方式的变化

由于数量庞大的老年人口和计划生育政策，对老年人的支持也变成了一个紧迫的问题。随着社区制度的建立，社区范围内对老人实行有效的支援成为新的世纪中的一个重要主题。

1.1.2　研究目的与视角

1. 研究目的

本研究以中国老龄化社会背景下社区层面的社区老年支援体系为核心，本研究的目的设定如下：

在把社区老年支持看作是整体社区服务的一个重要组成部分的前提下，根据北京市社区建设提出的寓管理于服务的指导方针，对北京市历史形成的诸多形式各异的社区类型进行分别考察，并在案例研究的基础上进行比较研究，以全面把握北京市社区管理的总体状况，并在对各类型的比较研究之上讨论未来的发展趋势。具体的内容是首先认识目前社区老年支持体系的现状，然后辨明其发展和特征以及一般的规律，最后提出未来发展的可行策略。

虽然有不少报告是关于社区老年支持的，但往往偏于案例的介绍。随着越来越多的社区层面上的老年支持实践的展开，这一领域需要进行系统的研究，以掌握其状况并总结其特征，这样才能为将来的发展方向提出科学的建议。因此，本研究是一个具现实性和紧迫性的课题。另外，社区老年支持系统也是社区发展的一个重要的组成部分，在老龄化社会的形势下，本研究是一个研究社区发展或社区规划的重要切入点。

2. 研究视角

由于社区既是城市社会的一个基本的单元，同时又是城市物质空间的基本单元，本研究采用了两个研究视点：

第一，社区应视为一个有着历史发展脉络和与周边城市有着广泛联系的组织，这是本研究在社区研究取向上的社会学视角，本研究强调社区本身的社会结构，对于社区与其周边的关系，特别是社区与其上级组织之间的关系也给予重点关注和考察，目的在于发现社区与社会之间的关系。

本研究在社区研究取向上的第二个视角是城市规划。关于社区的物质环境，存在两个重要的关系：一个是社区和居民的关系，另一个是社区和城市的关系。微观的社区研究是理解和把握城市发展的一个重要的途径。

总之，被视为社区发展的一个组成部分的社区层面的老年支援系统，在本研究中将从社会结构和物质环境两个侧面同时进行调查和研究。

1.1.3 研究方法

对应本研究目的的两个方面，本研究的研究方法主要采用案例研究和比较研究。

1. 案例研究

由于本研究强调社区层面的老年支援体系为整个社区发展的一个重要组成部分，因而首先采用案例研究的方法。案例研究方法是一种能抓住事物现象和本质的有效方法。在初步调查的基础上，按照以下两个原则选取了三个案例作为本研究的调查对象：首先，案例应为最主要的城市社区类型，包括单位社区、传统社区和商品房社区；其次，案例应为社区老年支援体系的典型或典范。

在研究方法的选用上，基于上述研究目的，相对应地采用案例研究的方法，选择具有代表性的三个社区作为调查对象，分别为Q社区、N街道和D社区。具体的调查方法包括实地踏勘，对不同主体的访谈，在D社区做了问卷调查，并注重现场资料的收集。

这三个社区在北京均为老年社区服务方面实施得较早的社区，在对待老年人方面，这三个社区在相关地区均是模范或试点。通过案例分析，目的在于把握支援体系的发展过程、构成和机制,讨论相关主体的地位,分析主要主体之间的关系,理解主体的评价,并通过现场调查,总结这三种典型社区老年支援体系的特征及结构。

对于北京市社区类型的变迁,主要的方法是文献调查,在此基础上进行归纳分类;然后对于典型的社区类型进行案例分析,以明晰其内在的管理主体、组织方式和运行机制,各类社区均有不同的特征,调查方法也不尽相同。例如在 D 社区,作者采用了问卷调查的方法,然而这种方法在其他两社区却没有能够展开,其中的一个原因是三个社区的老年人在年龄和教育背景方面存在差异。因此,作者在表 1-5 中详细列出了本研究的主要目的和相应的研究方法。

具体的实地调查内容主要分为两部分:一是关注社区的社区生活照料体系,即软件的方面,主要包括老年人的需求,社区管理或服务机构的措施及实施情况,国家或地方政府的政策等;二是关注社区公共设施的配置,即硬件方面,主要包括老年人的需求,社区管理或服务机构提供的配套设施状况及使用情况等。

研究目的与研究方法　　　　　　　　　　　表 1-5

		调查对象		
		Q 社区	D 社区	N 街道
实地调查	第 1 次	2006 年 3 月	2006 年 3 月	2006 年 3 月
	第 2 次	2006 年 9 月	2006 年 9 月	2006 年 9 月
	第 3 次	—	2006 年 12 月	—
		2007 年 1 月	2007 年 1 月	2007 年 1 月
研究目的	研究方法			
社区老年支援体系的发展	访谈	无围墙敬老院及居委会,一些建设协会的成员单位,社区卫生站,敬老院的负责人及工作人员	物业公司、开发商、居委会、老年大学等的负责人和工作人员	民政科、社区居家养老服务中心、社区居委会、社区服务中心等的负责人和工作人员
	社区资料收集	老年居民的访谈	问卷调查,老年居民的访谈	老年居民的访谈
	文献调查	著作、论文、报纸网络等		
	分析	—		
各主体的角色和作用	访谈与分析	无围墙敬老院及居委会,一些建设协会的成员单位,社区卫生站,敬老院的负责人及工作人员	物业公司、开发商、居委会、老年大学等的负责人和工作人员	民政科、社区居家养老服务中心、社区居委会、社区服务中心等的负责人和工作人员
主要主体间的关系				
社区老年支援体系的特征和结果	访谈、分析与比较	老年居民的访谈	问卷调查,老年居民的访谈	老年居民的访谈
社区老年支援体系的模式	分析与比较	—	—	—
启示和建议	分析	—	—	—

2. 比较研究

比较研究是一种质的研究方法，或者称之为定性研究方法，其方法更主要地从事物的整体上去考察该事物的整体特征。比较研究常常在对调查对象进行了全面认识和理解的基础上进行。通过比较，事物的特征能够更清晰地显现出来，并且更容易抓住事物的本质特征。另外，对于相同点和不同点的比较，还能够揭示同类事物的一般特征和规律，易于明晰未来的发展趋势和方向。

本研究按照典型社区和典型事例的原则选择了北京市的1个街道和2个社区作为调查对象，采用了实地调查、访问调查和问卷调查方法，通过质的调查和量的调查相结合，对调查对象进行了典型事例分析。实地调查的时间为2006年3月、6月和2006年12月至2007年1月，计三次。本稿对于社区变迁的考察的资料主要来自于对历史地图、地方志及对调查对象的先行研究。实地调查的资料来自于上述的三次调查和2008年9月对于三事例的回访调查，涉及的数据主要来自于访问调查。

1.1.4 研究框架

本书主要由三部分组成：

第一部分：第1章是本研究的绪论部分，介绍了研究的背景、目的和研究方法，并对以往的研究进行了文献综述，确定了本研究的位置。最后，简要介绍了三个调查对象。

第二部分：第2、3、4章分别是三个案例研究，对于每个案例，首先对各社区的演变历史作大概的介绍，其次根据实地调查和文献资料的检索，讨论其体系主要要素的地位和相互的关系。

第三部分：第5章是对三个案例的综合性的研究，通过比较相同点与不同特征，提出发展方向。第6章是本研究的结论。

最后是参考文献及附录。附录主要有调查问卷及访谈记录。

1.2 文献综述与本研究的位置

1.2.1 关于社区

本研究是从社区整体的角度来看待老年人的社区支援体系。考虑到社区支援体系是社区发展的组成部分，所以社区历史和社区的实际条件以及社区管理是本研究考虑的重要方面。社会学关于社区的研究成果构成本文的研究基础之一。中国社区研究注重实地调研，在社会学和政治学领域积累了诸多成果。

1. 社区研究

作为中国人类学和社会学研究的重要领导者，费孝通于20世纪30年代开创了中国社区研究系统。形成了以田野调查为基础的社区案例研究传统。其早期主要以农村社区为主要研究对象，之后，为了调查村庄与镇之间的关系，研究从单个社区扩展到更大的范围。费孝通社区研究的理念是通过观察具体的社区进而认识整个社会。

70年代以后，社区研究主要致力于社区的历史、社会和文化方面的研究，特别地，从中国社会历史的复杂性的视角，社区研究致力于对国家和社会、传统和现代等复杂关系的研究。良警宇在调查某回族社区时，追溯了社区内的历史和社会的联系，同时也关注社区当下的变化（良警宇，2006）。另外，还有一些社区研究将调查对象置于一些特殊的、边缘化的社区，例如李天国的新疆村研究和项飙的浙江村研究（李天国，1996；项飙，2005）。

2. 社区管理

雷洁琼等通过对北京一些街道和居委会进行的案例调查，解释了包括街道和居委会在内的北京市基层社区组织正处于转型中的状况及特征。研究讨论了社区范围内的各相关主体，主要是街道和居委会与相关的企事业单位的作用和相互之间的关系。研究总结出了社区管理由行政模式向社区服务模式的转变，社区管理的独立性增强，并且有向营利方向转变的趋势。这项研究是关于北京市城市社区组织和社区管理的较为系统的研究。

杨团认为，中国的城市服务支持系统由单一的政府供应转变为多中心的供应模式，服务提供者包括商业、非营利组织等（杨团，2002）。黎熙元等指出社会资本存在于社会关系网络中（黎熙元等，2006）。基于城市社区建设的研究，徐勇等指出，社区管理变成了自我管理组织而非先前的准行政组织（徐勇等，2002）。

3. 社区治理

近年来，伴随着单位体制的解体和社区制改革，基于社区民主的社区建设运动已经在全国范围内广泛地展开。在政治领域，许多研究是关于社区管理、居民参与及社区组织等。阿兰纳·伯兰德等调查了"绿色社区"运动中的两种不同类型的社区，讨论了社区管理对居民参与程度的影响（阿兰纳·伯兰德等，2007）。王诗家在宁波市海曙区的一项调查考察了在与区签订协议的条件下，某非营利组织运营的老年人支持服务系统，讨论了政府的局限性和在社区管理方面其他主体的参与性（王诗家，2007）。

1.2.2 关于老龄化

由于全球性的老龄化形势，老年学已经成为一个独立的学科。在中国，2003年，老年学首次在人民大学设立。老年科学对于各学科间的研究是一个新的研究领域，这在当前少子化、老龄化的社会中更为重要。其研究对象包括个体老龄化、人口老龄化、老龄化人口统计、老龄化社会学和经济学等，已经积累了较为丰富的成果。

1. 养老服务体系与老年政策

1）家庭养老方式

众所周知，在中国传统文化中，家庭养老是最基本也是最重要的方式，即所谓的"养儿防老"。近年来，这种方式也越来越被西方国家所关注。表1-6总结了从中国古代开始中国家庭养老方式的演化和特点。孝是中国几千年历史中最重要的伦理和文化思想，在封建社会，为了维持统治的秩序，孝被提高到基本道德的地位。随着封建社会的瓦解，在现代中国复杂的变革期间，由于政治、文化、社会的变革，父母与子女之间的关系发生了改变，传统道德中孝的地位下降，但是法律依然规定主要采取家庭养老方式。

首先，在秦代形成了家庭养老方式，有一套养老的规定，是由政府提倡和进行引导的。被家庭和社会所约束，孝文化也相应地形成了。继而，从汉至唐，是家庭养老方式的发展期，政府依旧介入管理，不但在伦理道德方面，而且老年人的权益还由一系列的经济政策所保护。第三阶段，宋至清代，是家庭养老的加强时期。当家庭养老观念在道德和政府必要政策中被强化的时候，三纲五常是政府和伦理的普遍信条，法律在家庭养老中变得关键。因此，家族权威与法律共同起作用。第四阶段，1840~1949年期间为变化时期，被战争和西方思想所影响，

中国传统家庭养老方式的变迁 表1-6

时代	阶段	特征	政府政策和倡导
先秦至秦 （公元前21世纪 至前206年）	形成	1）成为人的责任和义务，而不再只是习俗； 2）政府提倡和引导； 3）受家庭和社会的制约	1）养老之礼（有虞氏*1，一套养老的礼仪） 2）尚齿，养老，事亲*2（周） 3）孝道（孔子在《论语》和《孟子》所提倡）
两汉至唐末 （公元前206~979年）	发展	1）政府提倡； 2）伦理引导	1）重建养老之礼； 2）尊崇老年人的社会地位，方式有给予其较高的身份和地位，补助谷物或馈赠，减免家庭的劳役、赋税等； 3）保护老年人的权利和利益； 4）无后代的老年人可以政府优为条件得到其他家庭的供养
两宋至清末 （公元960~1840年）	强化	1）家庭养老观念的绝对化； 2）家长制，子女孝为先	1）"三纲五常"为核心的绝对化； 2）家长制结合法律保障； 3）"理"成为家庭养老的关键，最终目的是后代的恭敬与顺从
近代 （1840~1949年）	思想变动	承续以前	1）《三纲五常》被质疑； 2）孝道被质疑
现代 （1949年至20世纪80年代）	现代期 a）准备阶段	1）代际平等； 2）老年人有社会保障	1）建立了新制度，促进了养老方式的转变； 2）《中华人民共和国宪法》和《婚姻法》保障了个人的权利和代际的平等。并明确规定子女有赡养父母的义务； 3）建立退休金制度
20世纪90年代至今	b）完善阶段	1）多样化的支持方式； 2）尊老爱幼作为社会主义精神文明建设	1）完善社会退休金制度； 2）完善老年人社会服务供应系统； 3）支持社区养老支持系统的多种探索

注：*1，有虞氏，舜帝的部落名称。*2，尚齿是尊敬老人，养老是照顾老年人的一套礼仪，事亲是照顾父母。

包括三纲五常和孝文化在内的一些中国传统文化思想被批判，然而，在新系统建立之前，旧的仍然在使用。第五阶段，1949年后，家庭养老进入现代化时期，随着政治体制改革，文化社会系统和家庭关系也随之改变，包括宪法在内的一套系统为了确保老年人的社会安全而建立，孝文化以新的名字"尊老爱幼"在新体制和新的社会环境中被继承。1949年至20世纪80年代可称之为准备阶段，20世纪90年代末以后，尤其是2000年以后，可称其为不断完善阶段。1949年后养老方式的演变表现在大量的习俗、法律政策的变化上。

2）社会养老方式

新中国成立后，老年福利体系普遍地在城乡建立起来，这套体系主要面向无子女或无赡养人的老人以及不能自理的老人。胡仁禄等总结了关于老年人的社会福利机构的发展（胡仁禄等，1995）。近年来，全国范围内也有许多关于老年人社会福利机构的实践调查和研究。

在20世纪50~70年代，大部分仍然是传统的家庭养老方式，只有没有子女或亲属的老人才可以进入城市中的老年社会福利院或农村中的敬老院。这些机构都是由政府开办和运行的。

20世纪80年代，有两种在老年服务模式上的探索，一种是离休退休干部休养所，简称干休所，这是面向离退休干部设立的机构。这种模式是在退休干部条例提出后在全国许多城市中出现的。这是一种特殊的有集中医疗和其他服务的住宅小区。第二种是老年公寓，一般带有医疗服务和其他的老年服务设施。老年公寓在设计和运行管理上借鉴了很多西方经验。然而，以上两种只能提供数量不多的老年住宅或床位，难以满足社会化养老日益增长的需求。

伴随着经济的发展，20世纪90年代，中国人口开始进入老龄化时期，养老的需求日益紧迫，然而，随着家庭规模的小型化，传统的家庭养老模式已经不能满足需求。同时，政府开办的养老设施增长缓慢，难以满足需求，因此政府鼓励社会力量用市场的方式开办养老机构，而且大量的农民工开始在城市中担任保姆或小时工，以上都对家庭养老方式提供了辅助。

进入新世纪，"居家养老"一词开始在社区发展实践中出现。在研究领域，这个词首先于1998年的某会议上，由中国老年协会的会长张文范提出（张文范，1998）。从那时起，不同模式的居家养老探索在全国范围内的城市社区开展起来，其目的是为居住在家中的老年人建立起以社区服务为基础的老年支援体系。

3）老年政策大事记

欧阳铮和孙陆军回顾了关于老龄化政策的转变，阐明了关于社会保险方面的法律法规。但是，在2000年进入老龄化社会后，老龄化政策趋向于包括改善社会服务在内的社会福利基础建设。

关于老年人的法律法规是指1949年后由中国共产党颁布的与老年人有关的政策和各级人民代表大会和各级人民政府颁布的法律、行政法规、部门规章、地方性法规、地方政府规章以及其他规范性文件。

基于对2000多个政策文件的分析，欧阳铮和孙陆军认为关于老年政策的特征如下：

（1）20世纪80年代以前，政府主要关注老年人的具体人口数，而90年代开始，在老龄化的大背景下，开始建立一套政策系统。

（2）大部分文件是由部门或当地政府颁布的，占总数的86.5%，这就意味着现存政策主要是当地法规，几乎没有什么政策适用于全国的大部分地区。

（3）随着国家老龄化的进展，政府开始关注老龄化这个问题，主要表现在关于老年政策的数目呈上升趋势（图1-17）。

（4）68.8%的文件与养老保险有关，这就表明，从政府方面看，这是现阶段急需解决的问题（表1-7）。

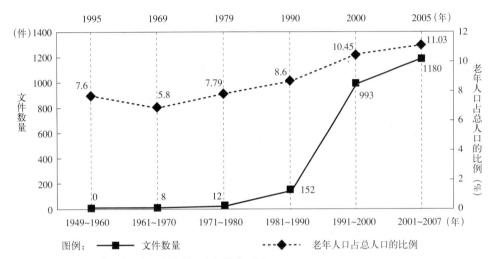

图1-17　颁布的政策的数量与老龄化状况之间的关系图
（资料来源：欧阳铮，孙陆军，2008，3-12）

老年政策的分类　　　　　　　　　　　　　表1-7

政策类型	数量
总的政策	135
养老保险	1596
生活待遇和救济	142
医疗保健	72
护理和公共服务设施	211
就业与退休	37
财政	59
社会参与	84
老龄化行政管理系统建设	18
合计	2354

资料来源：欧阳铮，孙陆军，2008，10

本书附录1列出了关于老年人社会扶助方面的一些关键性的文件。该表描述了老年政策演化的四个阶段：

第一阶段：到20世纪50年代末，由中央政府和城市及乡村的各级单位建立起了基本的社会保障系统，包括在城乡地区老年人的安置，虽然照顾老年人不是其主要的目的。

第二阶段：之后，直到1978年，由于政治原因，颁布的规章制度数量较少。1978年至20世纪80年代，是一个改革的时期，在新环境下，一些观点被重置或更新，一些特别被强调，一些新的法规被实施，例如1983年4月建立了全国性的组织——中国老年协会，由此开始有组织地开展老年事业，而《经济体制改革的决定》（1984.10.20）是随后包括老龄事业在内的诸多转变的转折点。

第三阶段：1990~2000年，是普遍建立社会保障体系的最重要的时期，其中社会保障制度是为市民，包括老年人和退休职工在内而服务的。《老年人权益保障法》（1996.08.29）是中国首个专门为老年人颁布的法律。《中国老年工作七年发展纲要》（1994.12.14）表明老龄化事业开始纳入国家经济发展。社区服务提供和产业标准相关法律被提出，社会福利机构的规章也基本正式建立起来了。

第四阶段：2000年之后的时期，中国致力于老年服务系统的探索与建立，尤其是在当地社区网络的基础上。中国从1999年开始进入老龄化社会，老龄化问题引起了政府的重视，因此，产生了政府主要会议、发展计划和关于老年事业的多重行为，而且在提供服务、建设管理养老院等方面，社会力量，尤其是市场方面，也扮演着越来越重要的角色。

2. 关于老年人生活状况和支援方面的研究

关于在社区中居住的老年人的生活状况，通过调查研究，刘晶提出影响老年人生活质量的必要因素是经济、健康、精神文化。同时，她也表示社区关于老年人健康最重要的作用是满足精神要求（刘晶，2005）。孙樱持续一年对居住在北京的50位老年人进行调查，研究了老年人各方面的日常生活特征，包括运动场所、类型、休闲运动，根据研究结果，她强调了老年人日常生活休闲运动的重要性。老年人的休闲运动由于社区和居住的地理位置不同而有所区别（孙樱，2003）。

关于社区老年人支援，林禾根据1998年对老年人健康和长寿的调查结果，分析了高龄老人的照料资源，指出在城市地区所有的老年照料中，由配偶、子女和其他家庭成员提供的占85.5%，社区服务和保姆提供的占13%，因此，建议提高社区支持力度（林禾，2003）。珂莱尔·婉格尔等调查了北京老年人社交网络，社区整合类型占主要部分，其中，家庭成员、朋友、邻居联系最紧密，她也指出，老年人的供给应该由家庭、社区、国家和社会共同负担（珂莱尔·婉格尔等，1998）。李兵等在对社区结构进行研究时，设置了三个变量：居民社会支持网络、社区特性和居民参与，研究表明，社区真正地存在，不仅在于行政方面，而且还在于居民的认同，其中，邻里关系起了非常重要的作用。但也发现有关系破裂的趋势，在居民参与中，更多的是个人化的参与（李兵等，2008）。

全利民指出城市支持系统中最主要的一个问题是缺乏非政府组织和当地居民经营的非商业用途的管理系统（全利民，2006）。彭希哲等批判了一些由政府设立的社区服务中心只是为了配合上级检查，没有发挥社区支持老年人的作用（彭希哲等，2006）。

3. 老年人生活空间

关于老年的研究在建筑学和城市规划领域主要集中于设计方面，社区规划与发展的研究是以建筑设计与住区的景观设计为中心的。

1998年，有研究调查了老年人的住房居住条件和城市老年人的需求，以把握老年人住宅发展的方向。在12个大城市作了该项调查，如北京、上海、天津，调查了老年人关于设施、户外空间、社区服务等方面的需求以及对于未来居住的意愿和希望。结果显示，40%的调查者选择现在的条件和子女住在一起，20%的调查者希望住在老年人集中居住区，16%的调查者想要住在养老院。调查侧重于住宅的设计规划和发展这些技术方面，对于这项研究，Nakata（1999）作为合作调查者，强调在住房体制改变后，老年人住房的重要性。他表示，要注重使整个住房体制适应老龄化社会的同时，也适应老年人住宅。

另外，此类案例研究还包括商业管理专业的一些学位论文，以及社区管理会议、新闻网页等，也为本研究提供了一些信息和证据。

1.2.3 本研究的位置

在城市规划领域，目前对于社区的研究往往多集中于城市空间的规划和设计，多关注新建住宅区的规划设计及景观设计，而社区规划应包括社区的社会规划和社区环境规划两个方面，不仅在硬件方面的住宅和空间的研究是重要的，软件方面的社会关系的研究也同样重要。应该说，总体看来，在城市规划领域，对于社区的研究还未得到足够的重视。

本研究把社区老年人支援体系视为在老龄化背景下，社区发展中的一个重要的组成部分，因而本研究的研究内容就同时关注社区的环境和社会双方面的状况。

1. 对于社区老年支援的研究

单纯对于各种实践事业的调查多，但是居家养老的发展需要从更深层次的社区管理和服务的发展中辨析其脉络。

2. 社会学对于社区建设的研究

对社区民主建设、社区组织发展、基层社区组织的作用等方面论述的多，但是对于城市中由于历史等诸多原因造成的社区类型的多样性而出现的社区管理存在的差别性较少涉及，往往将社区作为一个整体的统一的对象来看待。

本研究有两个视点：一是社区形成的历史，即为什么出现这么多差别显著的社区类型，这种类型多样性在北京市非常明显，是北京市社区的一个重要特征。

明确社区类型的多样性，是进一步研究社区变化发展的基础。二是由于类型的差异而造成的社区内居民组织及相关者之间的关系各异，从而形成了各种管理模式。

1.3 调查对象

根据上述研究对象的选择原则，本研究选取了北京市的三个社区进行案例研究。它们均为北京市最主要的几种城市社区类型，并可推及至全国范围。在此三个案例中，它们都在一定程度上对老年支援体系进行了积极而富有成效的探索和实施，也都是所在地区的典范和代表。

N 街道地处城市中的传统街区，是目前最大的且最有名的回民聚居区。它历史悠久，目前下设 10 个类型各异的社区，包括传统胡同区、单位大院、新建商品房住宅区等。N 街道作为少数民族居民聚居区，得到政府在政策和财政方面的大力支持，这对于探索当中的 N 街街道居家养老体系的发展提供了有力的政府支持，居家养老体系主要由 N 街道办事处发起和实行。作者将此社区中提出的社区老年支援体系归纳为政府主导模式。

D 社区是一个新建成的商业开发住宅区，位于北京市近郊，距北京中心城约 45 公里，距其附近的卫星城约 5 公里。D 社区于 2003 年一期建成开始入住，其目标定位为退休社区，在策划理念上借鉴了美国退休社区（Retired Community）的建设经验，很大程度上直接受美国"太阳城中心"（Sun City Center，1961）项目的启发。在策划与规划设计中，针对老年人群的特殊需求进行了考虑。作者将此社区中提出的社区老年支援体系归纳为市场主导模式。

Q 社区是城市中心区的单位社区，社区居委会提出了"无围墙敬老院"的概念，形成了面向社区开放的老年支援体系。作者将此社区中提出的社区老年支援体系归纳为社区主导模式。这三个社区分别代表不同的领导模式，因而最后采用比较研究的方法进行深入的探讨。这三个案例的基本情况详见表 1-8。

三个案例的基本情况　　　　　　　　　表 1-8

	Q 社区	N 街道	D 社区
社区类型	单位社区	胡同街区改造	商品房社区
形成历史	20 世纪 50 年代中期	14 世纪元代早期	1999 年
面积/户数	约 7.5 公顷/1749 户	141 公顷	234 公顷/1、2 期 1995 户
总人口数/60 岁及以上人口比例	4394 人/21.30%	约 54000 人/15.86%	—/80.88%
空巢家庭数/空巢老人数	260 户/408 人	—/1626 人	26 户/51 人

注：1. D 社区的数据来源于作者的实地调查的有限样本数，调查总户数 38 户，调查老年人总数为 68 人。
　　2. 其他资料来源于作者实地调查中收集的当地资料。

1.4 相关概念

1. 街道办事处（街道）

街道办事处是城市基层社区组织，与居委会一起构成城市社会组织管理体制之一：街道-居委会体制，是主导的单位制的补充。街道办事处在法律上是政府的一个派出机关，但是改革开放以来，它的职能范围日益扩大，主导性行为不断加强，在地区的城市建设和城市管理方面起着重要的作用，在很多大城市中逐渐转变成具有一级政府性质的机构，而且街居制也成为社会结构大系统中的一个基本结构。

2. 居民委员会（居委会）

居委会是城市最基本的基层社区组织，成立于20世纪50年代，根据居民委员会组织法的规定，居委会是居民自我管理、自我教育、自我服务的基层群众性自治组织。中国城市虽然一直主要依靠单位制运行，街（道）居（委会）体制居于辅助地位，但是随着全面改革，街居体制的作用不断加强，主导性行为增加，其行为模式由行政型向行政-经济型转化，主要职能一方面是执行街道下达的指令，另一方面是组织居民，为居民服务。

3. 社区

社会学中社区的定义为地域性的生活共同体，本研究中的"社区"概念专指城市建成区内的最基本的生活单元。近年来，随着城市体制和管理模式的改革，在深圳、广州、北京等城市进行了"居改社"改造，即将原来规模普遍较小的居委会和家委会重组为新的居住区管理机构，并按照地域性、认同感和利益性等原则重新划定居住区范围，统一改称社区，居委会改称社区居民委员会，北京市的社区规模大约为1000~3000户。其目的是充分整合利用地域资源，发挥社区的自我管理、服务、教育和协调职能。

中国的城市社区在行政划分上包括街道和社区两个层次。北京市目前共有134个街道办事处，社区居委会2554个，1000户以下的644个，1000~3000户的1586个，3000户以上的324个。社区居委会成员17013人，城镇社区服务设施2525个，街道社区服务中心137个，居委会社区服务站1587个。社区从业人员23666人，其中安排下岗再就业8303人，社区服务志愿者组织8377个，人数247939人。城镇便民利民服务网点数7341个，居民小组数54010个。

4. 无围墙敬老院

无围墙敬老院是将一般敬老院提供的家政、医疗等服务扩大到整个社区，把每一个社区家庭串联起来，由一个社区法人单位（在本案例中，是Q社区建设协会）提供服务，实现居家养老的模式。"无围墙敬老院"这个概念是Q社区居委会提出来的，反映了居委会主要成员多年从事社区工作的经验和对居家养老服务体系建设的一种理想。

5. 社区老年支援体系

本研究中，这个概念主要是用于社区层面，是指在家庭养老方式以外的，由政府、社区、市场等多方面提供的为改善老年人的居住生活而作的努力的整体。它首先包括社区范围内的各类服务，其次还包括服务设施及居住环境的改善。总体上，本文中的社区老年支援体系涵盖为老年提供的社会的和环境的支援。

与社区老年支援体系的构建相关的有三大类型的主体：政府、社区和市场。由于社区的客观条件及居住人群的差异，这三类主体在不同的社区中常常发挥着不同的作用，其呈现的意义及具体的组织各有不同。表1-9显示了本研究的三个案例中涉及的这三类主体所包含的意义（表1-9）。

重要名词定义　　　　　　　　　　　表1-9

主体类型	三个社区中的相应组织		
	Q社区	D社区	N街道
政府	Y街道办事处，市区政府	社区居委会，街道办事处，市区政府	N街道办事处，民政科，协管员，N街居家养老关爱服务中心，市区政府
社区	Q社区居委会，Q社区建设委员会，无围墙敬老院，志愿者	社区组织	各社区，老龄主任
市场	社区内外服务商	房地产开发公司，物业管理公司，俱乐部，服务提供者	家政公司，服务提供者

注：阴影部分代表三个社区中起主导作用的主体

第2章 社区主导模式：Q社区老年支援体系

2.1 调查概况

2.1.1 Q社区概况

Q社区位于北京市城市中心区的边缘，靠近二环路，交通便利，周边城市基础设施和商业文化设施完备。社区始建于20世纪50年代，有限的用地内历经50余年的建设，现在区内建筑密度较大，低层、多层、高层住宅从南到北依次排列，住宅建设年代跨度由50年代至80年代。社区公共设施用房设于住宅底层或为旧平房及临建。社区内公共空间缺乏，2005年沿社区东侧白云路新修沿街花园。区内无停车场，机动车占用道路严重，人车混杂，妨害消防安全（图2-1）。

Q社区南北狭长，东侧白云路为城市干道，南侧莲花池东路为二环主干道，交通量大，非常嘈杂。北侧为较安静的城市支路，临护城河，河边有窄的步道。西侧为公安大学的宿舍院和大学校区，北侧隔河相对的是汽北社区，东侧隔路为白云观。整个街区的西南角有大型超市。

社区周边，北侧没有商业网点，东侧沿街有零星底商小网点，南端为复印打印社、香烟铺，中部为城管大队、老年活动站、饭馆，北端为饭馆、家政服务站。东侧有较宽的街边花园，共有三块大的矩形活动场地，稀疏地设有两排座椅。花园的布置单调，交通噪声大。

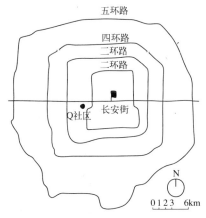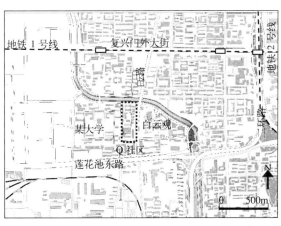

图2-1 Q社区区位图

社区由3个互相分隔的大院组成：公安大学宿舍院在西侧，由一栋凹字形高层住宅围合成一个院子，院中还有公安大学的游泳馆，没有活动场地，有一处地下超市。商业部宿舍院在南侧，活动场地狭小。另一个院子较大，是原机械局宿舍院，是此次调查的对象。

院子由南北贯通的一条通道联系，西侧另有一条窄的消防通道，没有人可停留的场所。主街中部有工商学校的院子，空间稍开敞，并且沿街搭建有一排平房商业网点，其中有小轮自行车销售点、工商学校食堂、菜店、西饼屋。此处还有一侧东向出入口。就在这个三叉的路口附近，有两处向阳的座椅，一处是南向的塑料座椅，另一处是西向的木制座椅，旁边的花池边上有垫高的石座，两处座椅都坐满了老年人。不少老人自带坐垫，是用布袋装了海绵垫，随身携带。

南端入口有一处蔬菜水果店、一处法律咨询处、小饭馆、旅馆，最南端是社区卫生站。

北侧主入口进门处是居委会、菜摊、两处招待所。北侧和南端主入口都有岗亭。南侧主入口向西是养老院——新装修的粉红色的平房。西侧消防通道东侧的平房有居家养老服务站。

2.1.2 研究方法和目的

本章以Q社区为案例，调查和分析其社区老年支援体系的构成。通过分析Q社区无围墙敬老院的演变和特点，以期说明以下几点：①当前Q社区老年人的居住环境和状况；②Q社区无围墙敬老院的发展历程；③Q社区无围墙敬老院各利益相关者之间的关系；④Q社区无围墙敬老院的特点和模式。

具体的研究以作者在2006年3月、2006年9月和2007年1月所进行的三次调查为基础（表2-1），这些调查包括以下几个方面：第一，对建筑物、公共空间、服务设施、医疗服务供应和养老院进行现场调查，以便获得对Q社区物理环境的直观印象；第二，通过采访居住在社区里的老人和居委会、Q社区建设

实地调查概况　　表2-1

日期		2006年3月
		2006年9月
		2007年1月
方法	访谈	无围墙敬老院主任
		养老院工作人员
		社区卫生服务中心主任
		社区建设协会的和成员
		老年人们
	实地调查	

Q社区的人口　　表2-2

项目	数量（人）
户数	1749
人口总数	4394
60+（2005*）	1300（21.3%**）
60+（2010*）	1950（32.0%**）
70+（2005*）	650（10.7%**）
空巢家庭	260
空巢老人	408
*年份，**占总人口的比例	

协会、无围墙敬老院、养老院的工作人员以及服务人员，获得关于无围墙敬老院的产生、发展和效果的有关资料；第三，通过出版物和网站收集关于北京老龄化状况、社区研究和 Q 社区无围墙敬老院的文献和报告。

调查访问：①访问老年人，调查对象主要为高龄老人；②访问居家养老协会王主任；③访问社区内养老院赵院长；④访问社区卫生服务站侯院长；⑤观察社区老年人的日常行为；⑥调查社区公共服务设施的使用状况。

此次调查着重于质的调查，原计划以调查问卷展开的量的调查无法开展，因为若不能先取得与居委会的合作，居民对个人调查持不信任、不合作的态度。

2.2　Q 社区的居住环境

Q 社区（图 2-2）始建于 20 世纪 50 年代，是原国家某部的职工宿舍区，属于单位社区。它位于北京市城市中心区的边缘，靠近二环路，交通便利，周边城市基础设施和商业文化设施完备。Q 社区老龄化程度很高，预计到 2010 年，社区半数以上家庭有两代老人（图 2-3）。

2.2.1　住宅

Q 社区的住宅（图 2-4）建设跨越 20 世纪 50 年代至 80 年代，低层住宅位于社区中部，多层和高层住宅居于周边，住宅群整体意象高低错落，尺度宜人。目前，社区住宅经过房改后产权绝大多数归个人所有。在对老年人的日常生活进行调查的过程中了解到，他们认为：①三层楼是方便到达的；②多层建筑多东西朝向，居住方面存在诸多不舒适的地方；③高层建筑比较令人满意，因为采光条件好，拥有开阔的视野；④对于住宅面积，大多老人认为满足使用，但也有老人认为住房的房间数不足，不能提供保姆房间；⑤在房间布局方面，较早建造的住宅存在一些缺点，如没有起居室等。

2.2.2　公共空间

虽然住宅群在外部形象上没有北京市普遍的高层住宅区的拥塞和压抑，但经年见缝插针式的建设使得社区内部的公共空间非常有限。居民日常活动的主要空间就是纵贯社区的南北主街（图 2-2 中 A 区；图 2-5~图 2-7），它连接起社区的 3 个出入口，在其中央处自发形成了两处固定的老年人晒太阳、聊天的场所，设有几张座椅，但多数老人都自带坐垫，利用花坛边沿就座，虽然条件简陋、位置局促，但却非常热闹。有的老人说，从楼上看看下面，有人的话就会下楼来聊一会儿，邻近大院的老人有时也过来聊天。但是这种状况只限于星期一到星期五工作日的白天上班时间段，早晚下班时间和周末，社区的空地和路边全部被停车占据，噪声和尾气污染严重。老人最不满意的是停车挤占消防车道，造成严重的

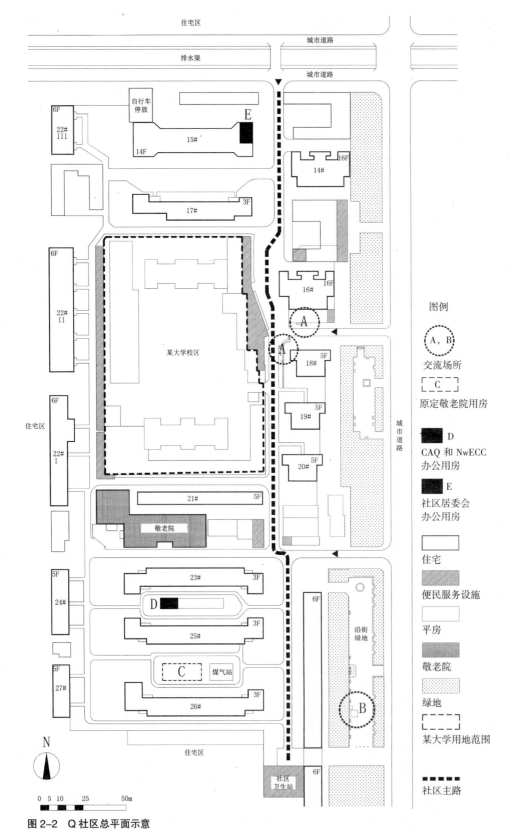

图 2-2 Q 社区总平面示意

1）住宅
- 结构：20世纪50~80年代
- 特点：不同高度
- 财产：公共房屋改革
- 低楼层：方便到达
- 多层：西方形式的外观
- 高层：阳光好、无障碍
- 房子面积：大多数足够
- 房间布置：不满足使用的旧形式

2）公共空间
- 土地利用：很少有共享空间
- 形式：南北向的主要道路
- 户外地方：院子，绿地空间
- 老年人活动：沟通的地方
- 停车场：道路及公共空间被占用
- 安全：一些消防道路拥挤不堪
- 绿色空间：锻炼，聚会

3）服务设施
- 类型：各种形式
- 建设：平房或暂时的
- 规模：小
- 布局：在主要道路上
- 管理：主要私人
- 组织：大家组成的董事会领导
- 特别服务项目：对老年人的治疗

4）医疗服务
- 成立：1997年1月
- 属于：北京保健中心
- 职员：两名医生和两名护士
- 范围：两个社区
- 建筑和区：单层建筑，160m²
- 特别服务项目：免费健康档案，免费测量血压，免费健康咨询，举行健康讲座

5）养老院
- 建立：2006年
- 建筑：以前闲置的一层平房重建
- 区域：500m²
- 规模：38床
- 房间类型：两、三个床的房间
- 租赁人：街道办事处
- 管理：一个老年人护理公司

图2-3 Q社区住宅及设施概况

东侧外景　　　　　　　　　　北侧外景　　　　　　　　　　北侧主入口

图2-4　Q社区住宅状况

社区内主要通路中部　　　　社区内主要通路南部　　　　社区内次要通路

图2-5　社区内交通状况

社区中心部超市、餐厅等　　东南侧入口蔬菜水果店　　东南侧入口餐厅早点铺

图2-6　商业服务设施

入口　　　　　　　　　　铭牌及宣传栏　　　　　　　　健康教育室

图2-7　社区卫生服务站

安全隐患。此外，尽管有交通噪声，沿东侧城市主干道的街边绿地还是形成了可以供老年人锻炼和交流的空间（图2-2中B区）。

2.2.3 服务设施

由于原有生活服务设施在建设城市绿地的过程中被拆除，在社区内沿主要道路两侧，形成了新的服务设施，它们整体上非常简陋，多为临时搭建的建筑物或旧平房，但是内容却包括了医疗、邮政、法律咨询等专业服务和超市、菜店、水果店、食堂、餐馆、早点、面包店等日常必需服务设施。调查中发现，生活服务设施方便了高龄老人的使用。在所有的设施上都挂有"居家养老定点单位"的铭牌，表明：①他们是Q社区建设协会的成员，根据自己的业务为老年人提供服务，例如电话订购和免费送货服务；②老年人可以信任他们，就像信任Q社区建设协会和无围墙敬老院一样（图2-8）。

不太受欢迎的绿地

老人爱聚集的绿地

雕塑

图2-8 街边花园

2.2.4 医疗卫生服务

社区内设有复兴医院Q社区卫生服务站，1997年开业，是三星级社区卫生服务站，位于社区南端的平房（图2-9），提供健康和医疗服务。针对社区里有大量老年人的情况，社区卫生中心采取的有效措施包括：给有需要的老年人建立免费健康档案、免费测量血压、免费健康咨询和每月举行健康讲座等。

社区主路路面停车

住宅楼前停车

停车堵塞入口和通道

图2-9 停车

2.2.5 养老院

Q 社区的养老院成立于 2006 年，是由一所闲置的平房改扩建而成。它位于社区安静的角落，面积为 500 平方米，拥有 43 张床位。养老院设备齐全，有双床房和三床房两种形式。社区的老年人无论是否居住在养老院，都可以在其餐厅里享用专门为老年人准备的午餐（图 2-10）。

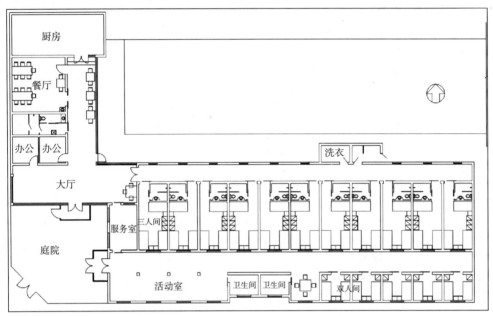

图 2-10　社区养老院平面图

2.3　Q 社区老年人的生活状况

2.3.1　社会保障及家庭结构

经济保障：受访问的老年人大都有退休金，经济保障好。因为此社区为国家某部委职工宿舍，不少老年人是离退休干部，退休金较高。也有的老人退休金较少，不足千元，但他们对此表示满意，认为能保障生活，不会给子女增加负担。

医疗保障：根据老年人原所属单位的不同，医疗费用报销的比例不同。不少老人表示医疗费用太高，负担不起，因而有的人有病不医。

独居老年家庭多：大多数老年夫妇家庭与子女分居。此社区的老年人大多只有 2~3 个子女，子女数较全国同年龄人群的平均数低，但基本都有子女居住在本市。丧偶的高龄单身老年妇女数量较多，有独居的，也有与子女同居的，老年妇女的退休金一般较低，普遍对生活水平要求低。

代际关系亲密：子女每周定期探视，联系密切。另外，退休金高的老人往往在经济上补贴子女。有的老人子女下岗，老人会为孙子女提供教育帮助。

2.3.2 老年人生活行为

就餐：大多数是自己做饭。老年人吃饭不多，要求适于消化，并且就餐时间随意，因而很多老人对社区内养老院开设的老年餐厅不感兴趣，其中也有对 6 元一份饭价格偏高的经济考虑。

社区老年餐厅每天中午约有十几位老人就餐，有的是因为中午子女不在家，无人给做饭，有的是因为在这里可以碰到以前的老同事，可以一起吃饭聊天。餐厅的气氛总是很热烈，老人们相互熟悉，与养老院的工作人员关系也很融洽，因而老年餐厅不是仅提供一餐饭，还是老人轻松交流的场所。

购物：高龄老年人普遍由子女代为购物，自己无法到超市购物。另外，由于社区周边原有一处大超市迁离，其他超市距离较远，虽有班车通达，但老人反映购物非常不方便。

生活照料：大多数老年人与子女分居，日常生活依靠夫妇自己料理。基本都有子女在本市居住，子女住所距此远近不等，但每周都会来定期探望，次数不等。子女探视的主要内容是帮助老人购物、扫除、做饭。另外，有部分坐轮椅等不能自理的或自理能力差的高龄老人请有保姆。用小时工的老年家庭较少。

闲暇：老年人作息规律，每天室外活动分上、下午两次，时间不等，但大多最少 1 小时。活动内容呈现性别差异，女性老年人多聚集聊天，男性老年人乐于下棋打牌，看报栏。高龄老人大多腿脚不便，出行距离多限于社区及周边，只在社区院内及贴邻的街边花园活动，由于社区公共设施有限，闲暇活动内容较为单调。

就医：社区内设有社区卫生服务站，是北京市基本医疗保险定点单位，即看病拿药可以医保报销，老年人反映使用方便，尤其是打点滴和拿药。

运动健身：社区内及周边无"全民健身体育运动器械"及其他运动场，健身场所利用街边花园内的平整活动场地及住宅楼前的院子。健身活动内容有打拳、练剑的晨练，下午和傍晚的集体健身舞蹈和保健操，但参加运动的老年人不多。

2.3.3 老年人居住状况

住宅私人所有：均为购买房改房。大多数老年人的住宅为自己所有，个别老年人的住宅为当时分配与其他职工合住，由于一套住宅无法出售给两家，在房改时无法购买，只能租住。另外，有的老年人居住在子女家中。老年人对于自己有住宅感到安心。

与子女分居多：不论是老年夫妇，还是单身老年人，大多与子女分开居住，但有些与孙子女同住，互相照应。

居住面积基本够用：大多数老年家庭与子女分居，子女探视一般不留宿，老年人认为所住住宅的居住面积基本够用。与子女同居的老人，认为给子女增添了麻烦，希望能分隔出相对独立的两户分开居住，减少相互干扰。

房间数：高龄老年夫妇常分开就寝，因而要求至少两个卧室，而且随着年龄增长，或者需要请保姆，要求有保姆卧室，或者需要家人同居，要求另外一间客房，因而三间卧室常常是必需的。有一户老年家庭现住房建筑面积为60多平方米，由于没有房间安排保姆居住，老夫妇只好住到郊外的老年公寓（附：在中国，请保姆需要负责吃住）。

住宅形式：老年人对朝向重视，对南向、采光好的住宅评价高，对社区内东西向住宅评价低。由于建于20世纪70年代的住宅房型陈旧，没有起居厅，老人对此意见较大，原因之一为子女回家探视没有宽敞的聚会空间。

无障碍：高层住宅有电梯，能满足无障碍通行。访问中住在多层住宅中的老年人都居住在三层以下，认为一至三层上下楼梯困难不大，但普遍认为多层没有电梯的住宅中住在四至五层上下楼有困难，认为只能常年不下楼，并对此表示忧虑。社区内坐轮椅的老人不少，住宅出入口普遍进行了无障碍改造，增设了坡道。

2.3.4 社区各类设施的使用状况

医疗服务设施：卫生站位于社区主要通道的南端，出入顺畅，位置便利，易于居民接近。建筑为一层平房，内部清洁卫生，有宽敞的为居民免费医疗咨询使用的大厅，无住院床位。院长反映现有建筑不敷使用，但苦于无扩建的余地。卫生站设有全科医生2名，护士2名，财务1名。

生活服务设施：社区周边无大超市和银行，社区内的商业网点均分布于主要通道两侧，方便使用。其中有2个蔬菜水果店，2个小餐厅，1个早点铺，1个单位食堂，2个小卖部，1家糕点铺，1个小超市，但均为搭建的简陋平房。另外，有1处邮政代办点提供邮政服务。社区次要通道一侧的平房设有居家养老服务站，但位置偏僻，很少有人出入使用。整体看，社区生活服务设施建设标准较低，大都为临时性建筑，且面积狭小。

文化休闲设施：一栋住宅的底层设有一间老年活动站，每日定时开放，面积约20平方米，内设4个棋牌桌，总是满座，常有老人早早在外等候。社区图书馆设于偏僻的平房内，由于冬季无暖气设备而停止使用。

绿地及景观：社区内绿地稀少，无可供居民游憩的绿化空间，仅为宅边零星绿地，且无统一的绿地和景观规划设计。2005年，在社区东侧沿白云路修建了沿街花园，开设有宽敞的活动场地，但其中一处场地过于空旷，座椅稀少，利用率较低。沿场地边沿设有座椅，座椅均为单独的三人座椅，且间距大，而老年人惯于聚集成一堆儿聊天，因而这种单独设置的座椅不符合老年人的使用特点，宜布置成相向的便于交谈的方式，有靠背的木制座椅较无靠背的或石材座椅受欢迎。只要天气许可，沿街花园上、下午都聚集着很多老年人，老年人是主要的使用者。

车行交通和停车场：社区建设年代早，无规划停车场，停车占用道路和宅前空地，甚至堵塞住宅楼出入口和消防通道，妨害消防安全。车行和人行交通混杂，污染严重。

2.3.5 社区养老院的使用状况

养老院于 2005 年由社区内原有的一处招待所改扩建而成，建筑为一层平房，面积约 500 平方米，设有三人间 11 间，双人间 5 间，共计 43 张床位。三人间带卫生间，卫生间内配备洗脸盆、坐便器、淋浴隔间，但三人间无直接对外的通风和采光。养老院的餐厅开设为老年餐厅，可以同时为社区的老人提供午餐，前一天订餐即可，6 元一份，也可以送餐，需另外收费。另外，活动室常提供给社区作讲座或会议用，调查期间，适逢社区居民代表大会在此召开。服务室配备有安全监控系统，可及时发现老人出现意外的情况。为老年人提供的娱乐设施只有电视和麻将桌，庭院较小，除了一处花坛座椅外，无其他设施。

养老院开设之初只接收能够自理的老人，作者第 1 次调查时只有 2 名老太太入住，一位 87 岁，一位 80 岁，原来都不住在这个社区，这与养老院想为社区内老人入住提供便利的初衷不符。调查了解到，由于没有配备有专业护理技能的服务人员，无法接收生活不能自理的老人。床位收费为每月 1800 元，调查期间实行优惠为每月 1360 元。

养老院的成立是试图搭建成居家养老服务平台，以此为依托把养老服务辐射至全社区甚至周边社区。除了住院老人外，提供的服务有老年餐厅和日托。另外，可以吸引志愿者服务，例如西城区卫校的护士学员每周三定期到养老院为老人量血压，陪老人聊天。并计划为社区的老人提供医疗服务和营养保健咨询，设想借由养老院可以联系社区其他的老年人。但是养老院的运行机制并未完全改变传统养老院封闭式的看养模式，社区老人除了中午来就餐的较固定的十几位老人外，很少光顾于此，且就餐的老人吃完饭就回家休息，也不久留。

虽然如此，养老院位于社区中仍然有利于与社区沟通联系，例如热心的社区居民下班回家前，或周末出来买菜时，到这儿陪老人聊天，教老人做手工，还有的没事儿过来陪老人打麻将。社区居民的关心，对老人的心理会有积极影响。社区内的老人对养老院的看法不一，有的持负面态度，表示自己不会入住。原因有：条件差，认为还不如兵营；违反国家规范，养老院必须有 3 小时日照，此养老院达不到要求；行动不自由，位置偏僻；收费高；无医护人员；不接收生活不能自理老人，社区老人对此意见较大，认为政府投资的养老院应为老百姓解决最困难的问题。

2.4 无围墙敬老院的产生与发展

如表 2-3 和表 2-4 所示，根据它为该社区老年人所提供的服务种类，Q 社区的无围墙敬老院的发展过程可分为四个时期：

Q 社区老年支援体系的发展阶段及相关背景　　表 2-3

时期	形式：服务对象	支持设施和内容	社会背景
Ⅰ期 20世纪80年代	志愿者：几位"三无"老年人	・1950年，代建筑 ・1980年，代建筑 （政府—社区—市场：提供服务）	・1949年人民共和国的基金会 ・1954年"城市居民委员会条例" ・1978年改革开放 ・1983年中国老龄问题全国委员会 ・1989年"城市居民委员会法"
Ⅱ期 20世纪90年代	整合资源：更多有生活困难的老年人	・1997年，保健中心 ・1998年，老年餐厅 （老年餐厅、卫生所合作、社区邮政所）	・20世纪90年代工作单位制改革 ・1994年"关于关注中国老年人工作七年发展纲要（1994-2000年）" ・1996年"中华人民共和国老年人权益保障法" ・1999年进入老龄化社会
Ⅲ期 2000-2003年	无围墙敬老院雏形：所有老年人	・2000年，社区邮局 （未建成敬老院，纷争：用地周边居民）	・2001年"关于发展中国养老事业的第十个五年规划纲要（2001-2005年）"
Ⅳ期 2004-2007年	无围墙敬老院：所有老年人特别是空巢老年人	・2004年，建设协会和无围墙敬老院 ・2006年，敬老院 （支援：汽南社区建设协会、无围墙敬老院）	・2006年"认真履行中国发展老年人事业承诺的第十一个五年规划纲要" ・2006年"发展中国老龄事业"白皮书

养老院运营的演变　　表 2-4

调查时间	2006年3月	2006年9月	2007年1月
名称		Y街道敬老院	
发展阶段	开设之初	影响扩大	经营转换
经营主体	民营企业+无围墙敬老院	民营企业+无围墙敬老院	HT老年院舍服务机构
运营资金	街道10万元启动资金	街道补贴	自负盈亏
入住老人	自理	自理	半自理、不能自理
费用（元/月）	1360	1360	价格上调中，约2000元以上
入住人数	2	13	20
本社区	1	0	11
附近社区	1	0	6
其他区	0	0	2
外地	0	0	1
日托服务	有	有	无
老年餐厅	就餐人数多	就餐人数多	就餐人数少
每间定员	1人	2人	3人或2人
老人关系	互不干扰	存在少量干扰	存在严重干扰
社区关系	归属于社区	融合于社区	与社区分离

2.4.1 阶段Ⅰ（20世纪80年代）：志愿者服务

这一时期的志愿者服务开始于居委会工作人员对老人的免费照顾，如上门巡视、定期帮助老人等。这种志愿者服务的达成是基于以下三个条件：首先，单位体制下，Q社区是年轻型人口结构，只有大概十几个老人需要帮助。其次，20世纪50年代以来的居委会具有基层的特点，与社区居民保持密切的联系，被居民所信任。它根据当地社区的条件提供各种免费服务，如设立幼儿园、小餐馆、小手工工厂和照顾老人。在Q社区，居委会更加重视老年人。最后，有来自当地学校与单位的大量志愿者。

2.4.2 阶段Ⅱ（20世纪90年代）：整合社区资源

这个阶段是由居委会整合辖区内各种社会资源，提供设施，引进服务机构来经营，开始逐步构建居家养老支援体系，为老年人提供包括卫生医疗、生活照料和精神慰藉等各方面的服务，如开办老年餐厅、整备各种服务设施等。随着体制改革的进展，"单位人"成为"社区人"，以往单位所能提供的居家服务和支援体系走向解体，老年人的生活保障面临严峻的挑战，而单靠居委会人员及其组织的志愿者服务已经不能满足实际需要。

老年人的吃饭问题是一个需要解决的基本问题。居委会从1995年开始办起了老年饭桌，曾经尝试过很多种形式，开始包给个体户，发现不符合卫生要求，后来雇用厨师，成本又太高；最后由居委会的几个工作人员轮流买菜做饭，效果还不错，有十几个老人来吃饭，后来逐渐引起关注，国家领导人都来视察过，认为是"中国特色的养老服务"。

随着越来越多的老年人需要供应就餐，居委会工作人员不足以提供服务，邻近的一个餐厅开始提供老年人的膳食服务。后来，因为扩建道路餐厅被拆除，社区内的学校食堂开始帮助提供老年人膳食。

正如在老年人就餐问题和其他问题中展现的那样，除了居委会和志愿者，更多的因素加入到了Q社区老年支援体系当中来，包括小企业、个体户、餐厅、大学食堂、医疗和家政服务公司等，有Q社区内、外的市场力量及政府和居委会合作设立的邮局等。可以说，这一时期的显著特点是市场和政府等社会力量，开始与社区一起，共同为老年人提供帮助。

2.4.3 阶段Ⅲ（2000~2003年）：筹建养老院

进入2000年后，老龄化日益严重，表现为空巢老人增多、高龄老人增多，单纯解决吃饭问题已经不能满足需要，居委会便产生了建养老院的想法。

居委会拥有的资源非常有限，最初设想利用最南面院子里的平房（图2-2中C区），但是前、后楼的居民强烈反对，因为他们怕万一养老院有老人死去，

| 入口 | 起居厅 | 活动室内的麻将桌 |

| 三床间 | 老年餐厅 | 休息廊 |

图 2-11 社区养老院

大家忌讳，后来居民们私下把那个平房拆除。最后，居委会主任利用自己这些年在居委会工作中所累积的人际关系，说服原有招待所的产权单位同意借出他们的房子来办养老院（图 2-11）。

2.4.4 阶段 IV（2004~2007 年）：无围墙敬老院（图 2-12）

为了申办法人资格，居委会把社区内的一些社会单位和个人，比如从事家政、餐饮、卫生、理发等服务的机构组织起来，成立一个具有法人资格的协会，即社区建设协会，以此资格开办一所正式的养老院，从而使 Q 社区的老年支援体系从单一的照顾居家老人转变成既能够照顾居家老人又能够提供专业的护理服务。并提出了"无围墙敬老院"的理念。

现在已经很难分辨清楚"无围墙敬老院"这个理念是在什么时候、什么情况下最先提出来的。可以明确的是，从整个发展过程来看，它应该是在为了申办法人资格而与社区辖区内社会单位沟通过程中创造性地提出的。从现在的媒体报道来看，似乎从一开始就是这样设想的，把社区里面的各种资源整合到一起，共同为居住在自己家里的老人提供服务，社区的老人都被视为敬老院的一部分，因此称作"无围墙敬老院"。但是，综合媒体从 2004 年 8 月 10 日对"无围墙敬老院"挂牌之后的报道，可以发现，第一，至少在 2004 年 8 月 10 日这个时间之前的相当一个时期，这个概念就已经存在了；第二，即使在这个概念出现于媒体之后，

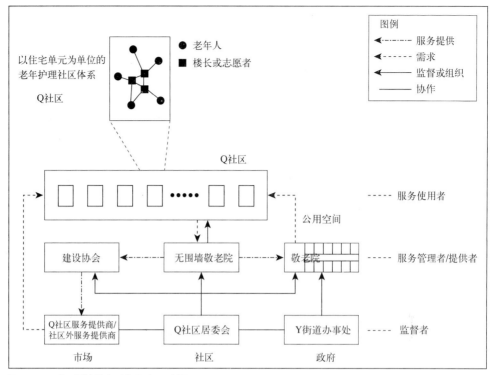

图 2-12 "无围墙敬老院"运行示意图

它们所表述的含义也一直在不断变化和发展中。居委会在多年的养老服务中了解到老年人习惯住在自己家中、难以负担养老院的高费用以及珍惜社区多年生活中累积的邻里之间的感情等，这些也是促使无围墙敬老院形成的一个主要原因。还有一个原因，即也许现实中敬老机构不可能一蹴而就，也促使大家寻求一个过渡性措施。

经过充分的酝酿，于 2004 年 8 月 10 日，经上级批准，X 区 Q 社区建设协会及其兴办的民办非企业单位——无围墙敬老院正式成立。具体而言，Q 社区建设协会作为独立法人，可以设立账户，可以创办公益性经济实体，也就有了筹措资金的可能性。从政治上来说，这一举动也为从"街—居"体制向社区体制的转型提供了一种可能性。因此，它被各级政府广为关注和积极推广。无围墙敬老院对在社区居住的老人，还提供小时工介绍、护理老人、病人看护、陪同就医、代交费或购物等服务。

无围墙敬老院以养老院为中心，提供长期照顾和日间照顾，老人餐饮，全天照顾服务。2007 年起它委托 Q 社区之外的专业机构进行运营。一部分工作人员来自于 Q 社区，他们与社区里的老人们都比较熟悉。养老院同时接纳 Q 社区内部的和外面的老年人。此外，他们的餐馆也开放给所有在社区居住的老年人，并接受电话订购，免费送餐（表 2-7）。

2.5 Q社区居家养老支援体系模式分析

2.5.1 居委会、建设协会和无围墙敬老院间的关系（表2-5、表2-6）

Q社区建设协会是2004年由Q社区居委会和社区单位联合发起成立的，经政府核准注册的全市首家社区层面的社会团体。无围墙敬老院是Q社区建设协会下属独立法人机构。

从无围墙敬老院发展历史可以看出，Q社区居委会、建设协会及无围墙敬老院之间有密切的关系。大部分建设协会的主要成员是由居委会工作人员兼任的，比如会长就是居委会主任。当然，建设协会还有外围机构，是辖区内的一些服务机构以及有联系的社区外服务机构等。

无围墙敬老院是Q社区建设协会下属独立法人机构，共7人。他们还与居委会工作站担负社区老年大学的管理工作。居委会和老年协会也共同参与，各个部门之间相互协调配合完成敬老院的各项服务。无围墙敬老院与社区内服务机构签订了《为老服务协议书》，并给签订协议的机构挂牌。挂牌的含义有两个：第一，该机构在某种程度上接受无围墙敬老院的统一协调，根据自己的特长，为社区老人提供服务；第二，社区老人看到这个牌子，会比较放心购买其服务，也是因为它们与无围墙敬老院之间存在的协议。因此，这是一个对双方都有益处的合作。

Q社区老年支援体系模式的形成：变化中的各主体的作用和协作　　表2-5

阶段	主导力量/关系/模式	政府（Gov.）街道办事处（Sd.）	社区 Q社区居委会/建设协会/无围墙敬老院	市场 社区内服务提供商/社区外服务提供者	图例
阶段Ⅰ（20世纪80年代）		Gov.：政策制定者 Sd.：监督者	Q社区 直接的服务提供者 居委会　志愿服务组织者	—	□ 政府（Gov.）街道办事处等（Sd.）◇ Q社区建设协会/无围墙敬老院 △ 社区 Q社区居委会 ● 需要护理的老年人（Q社区内/外） △ 市场 Q社区服务提供商/社区外服务提供商 — 较弱联系 法律、政策等的扶持，与Q养老体系不直接相关 → 较强联系 Q养老体系的直接支持，如资金、服务、管理等 ▢ 间接地 / □ 直接的 Q社区养老体系的利益相关者 ▢ Q养老体系的核心
阶段Ⅱ（20世纪90年代）		Gov.：政策制定者 Sd.：监督者	Q社区 服务组织者 居委会　志愿服务组织者	社区内：服务提供者	
阶段Ⅲ（2000~2003年）		Gov.：政策制定者 Sd.：监督者	Q社区 服务组织者 居委会　Q养老体系管理者	社区内：服务提供者 社区外：服务提供者	
阶段Ⅳ（2004年至今）	监督者/服务管理者/服务使用者	Gov.：政策制定者 Sd.：监督者，资金支持者	Q社区居委会：监督者 Q社区建设协会：服务组织者 无围墙敬老院：居家养老支援体系管理者 敬老院：服务提供者	社区内：服务提供者 社区外：服务提供者	

各主体关系 表 2-6

要素	内容	所属
主导	社区居委会	社区
服务对象	社区老人	社区
服务组织	无围墙敬老院	社区
服务提供	建设协会（包括其联络的社区内各种服务机构）	社区
服务方式	居家养老结合机构养老	—
有关各方	• 政府－国家、市、区、街道 • 社区－居委会、无围墙敬老院、建设协会 • 市场－社区内各种服务机构、社区外专业服务机构 • 志愿者 • 老人	社区外 社区内 内外 内外 内外

"无围墙敬老院"服务使用状况 表 2-7

服务种类	人次	小时数
补贴服务	364	727
购买服务	555	1003
精神慰藉	约 5000	856
日托	30	242
就餐	5240	5240
修脚	125	21

社区以住宅楼门为单元，由楼门组长、联络员和社区志愿者组成养老服务小组，对本单元门需要照顾的老人结成一帮一或者二帮一服务对子。每个单元构成一个居家养老点，全社区的居家养老点联系在一起，就成为无围墙敬老院的服务对象。这样，老人身边就有人了解他们的需求，并能够帮他们解决紧急情况。所需服务，由建设协会组织社区内的服务机构以及所联络的社区外机构共同提供。

2.5.2 政府、社区、市场之间的关系

在 Q 社区无围墙敬老院形成的过程中，政府、社区和市场这三个主要构成要素之间彼此协调，共同构成了一个较为完善的服务支援体系。

从其发展历史来看，其中起主导作用的是社区，即居委会，从开始直接服务，到最终形成无围墙模式，整个过程中贯穿着居委会的努力，而最终形成的这种模式，也只有在居委会的多年基层工作基础上，才能够得以实现。

街道作为政府的派出机构，在 Q 社区无围墙敬老院模式中有较为重要的辅助作用。一方面，它提供了居委会所不具备的政府职能，帮助居委会申办了具有开创性的社区建设协会和具有法人资格的社团，也协助社区申请设立了医疗服务站、邮政所等设施，这些都是仅仅由居委会出面无法办到的。另一方面，它也为

社区直接注入资金，租房子，开办了实体养老院，补充了社区在财力方面的缺陷。但是，这一切都是在居委会的请求和协调下完成的，包括养老院房屋，也是居委会出面协调的。因此，居委会的主导地位是不可动摇的。

市场要素在Q社区模式中占有很重要的地位，首先，无围墙敬老院模式的基础是建设协会，建设协会是居委会和社区内服务机构通过协商，共同创办的，没有社区内服务机构的配合，是无法实现的。其次，社区外的市场因素，也在居委会的协调下逐步渗透进来：首先是一些为老年人提供服务的专业机构；其次，在街道主办的养老院中，也引进了社会专门机构，按照市场规则运行。

在Q社区无围墙敬老院模式构成过程中，起到主要牵头和协调作用的是居委会，这是由它的特性以及本社区性质决定的，也是本社区居委会工作人员主观能动性的表现。政府、社区和市场三个要素在Q社区模式中各自发挥自己的作用，彼此也各有利益争执。由于社会大背景尚处于变动之中，"街—居"体制也处于向社区体制转型之中，很多关系有待理顺，因此，即使有时候彼此利益协调得不是很完美，只要大家都朝着为社区居家养老服务的大目标努力，就还是可以合作下去的。在逐步地合作当中，很多关系也许可以渐渐理顺。

2.5.3 社区主导居家养老支援体系模式及特点

可以用表2-5对Q社区无围墙敬老院发展的各个阶段进行模式分析。图示表明了每个阶段处于这个"系统"之中的各个要素以及它们之间的关系。

第一个阶段，20世纪80年代，由居委会直接向老人提供志愿服务。

第二个阶段，20世纪90年代，需要服务的老人增多，仅仅依靠居委会提供服务是不够的。一方面人手不足，另一方面，市场经济有所发展，借助市场的力量解决社区问题变得可能，因此，引入了"聘请厨师"和"承包给服务机构或个人"的机制，将居委会组织志愿者服务与寻找市场因素提供有偿服务两种方式相结合。

第三个阶段，2000~2003年，居委会从设想开办实体养老院出发，寻求街道（政府）帮助解决资格和资金问题，政府力量开始进入Q社区居家养老支援体系的建设。这说明即使社区居家养老支援体系的主导者是社区居委会，但是其发展和完善仅依靠社区以及市场的力量是不够的，政府有前两者所不具备的多种资源和更充足的资金支持，必须积极寻求政府支持。

第四个阶段，2004年设立建设协会和无围墙敬老院机构以及后来实体养老院的成立，都将政府因素正式引入社区。这个阶段，社区居家养老支援体系的建设围绕着"无围墙敬老院"这个主题展开并重构。实际上，居委会主任所提出的"无围墙敬老院"这个概念，就是一个广义的"社区居家养老支援体系"，它包括管理者、服务提供者和服务使用者三个主要的环节。在目前形成的模式中，服务提供者作为一个中间环节的加入，使得整个体系的构成更加丰富、多层次，这样一种渐趋复杂的模式，实际使用过程中的效果比较令人满意，说明其具备一定的合理性。老人们能够从养老院、无围墙敬老院和市场等多个机构得到服务，不会因为某一个环节出现问题，生活方面就面临困境。

从发展模式来看，Q社区居家养老支援体系是社区主导型，其主要特点是：第一，立足基层社区，自下而上逐步发展；第二，社区居委会拥有的最大资源是在长期工作中形成的与社区居民和社区服务机构之间的亲密关系与彼此之间的熟悉与信任，这是政府和市场都无法提供的社会资本；第三，社区居委会与政府在传统上也有紧密的联系，甚至一般老百姓都把居委会当作一种基层政府，因此，当社区遇到无法解决的问题，请街道等政府机关出面协调，困难不是很大；第四，社区与社区内、外的服务机构也有密切的联系，因为居委会虽然没有政府所拥有的多种资源，但是它的草根性与来自居民的信任，能够帮助市场机构协调与社区之间的各种关系，这些对于希望进入社区的企业和服务机构，是非常重要的帮助，因此，居委会有资本去要求市场机构在建设社区居家养老支援体系中发挥自己的作用，更何况，这种参与本身就是双赢的。

2.6 结论

Q社区是一个典型的正在走向社会的单位社区，中国社会转型对其老年支援体系的建设而言，既是一种挑战，也是一种机遇。虽然失去了来自单位的照料，但是基于社区的养老支援体系也在逐步形成当中。

社区养老服务体系的建立，经历了从居委会直接照料、组织志愿者服务、整合社区资源，到筹建养老院、成立建设协会和无围墙敬老院，并设立了养老院，实现了居家养老与机构养老相结合，其发展历史显示这是一种社区主导型社区老年支援体系。

社区居委会在老年支援事业中起着沟通和组织服务需求与服务提供各方的作用，并创造性地提出了"无围墙敬老院"的理念，其实质是要建立一个完善的社区主导型老年支援体系。

目前Q社区老年支援体系包括管理者（政府、社区），服务提供者（中间机构和市场）以及服务使用者（老人）这样几种利益相关者（stakeholder）。社区主导型模式最大的资本是社区与居民之间的亲密关系，它可以上联系政府机构，下联系居民和市场，Q社区的成功经验说明居委会在这个体系中具有居中协调能力。

Q社区目前存在的一些矛盾，很大程度上不是来自该模式，而是来自中国目前的社会转型。一方面，单靠社区的力量不能解决所有的问题；另一方面，随着介入要素的增多，如何在越来越社会化、市场化以及在由街居体制向社区体制转变的大背景下，更好地协调各方利益，为社区老人提供更完善的服务，还需要进一步探索。

第3章 政府主导模式：N 街道老年支援体系

3.1 N 街道的今昔

北京 N 街①是历史悠久的回民聚居区。N 街道位于北京市西城区，辖区面积 1.41 平方公里。N 街街道办事处，下设 10 个社区居委会，社区类型各异，其中 4 个以 N 街为轴的居委会是回族居民占多数的回民区。另外还有单位大院，有保留的传统胡同街区，也有新建的商品住宅。整个社区位于城市中心区，辖区内有热闹的商业街和大量的沿街办公建筑（图3-1，表3-1）。

N 街街道作为少数民族居民聚居区，得到政府在政策和财政方面的大力支持，

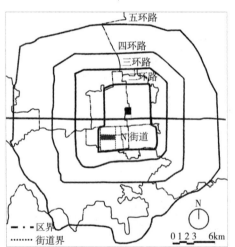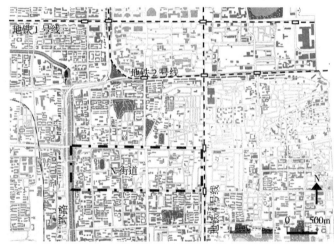

图 3-1　N 街道区位图

---

① 本章中的概念及缩写：

缩写	概念	缩写	概念
SD	街道	N-SCEH	N 街居家养老关爱服务中心
RC	居委会	HKC	家政公司
N-SD	N 街街道	CAS	民政科
N-SDO	N 街街道办事处	SD	老龄主任
SD-RC system	街—居体制	SA	协管员
SSEH	居家养老支援体系		
N-SSEH	N 街居家养老支援体系		

N 街道所辖 10 个社区的状况（2006 年） 表 3-1

		NXG	CB	BGL	GY	XL-1	XL-2	DL	CF	FH	FYS
社区类型		混合社区（办公）	混合社区（办公）	混合社区（办公）	单位社区	回民社区+新开发	回民社区+商业	回民社区+商业	回民社区+新开发	胡同社区+新开发	胡同社区
住宅类型*1		M+T	M+T	M	M	T	T	T	H+M+T	H+T	H+M
总人口（人）		5142	3666	5000	4136	3000	4898	9000	6558	5600	7000
60+ 老年人口（%）		10.91	17.16	10.60	25.73	23.23	22.29	14.62	8.60	12.71	16.80
老年人数量（人）	60+	561	629	530	1064	697	1092	1316	563	712	1176
	65+	389	582	439	644	426	836	1014	439	547	1028
	80+	58	47	72	308	74	177	277	92	115	291
	空巢	282	282	190	47	191	188	106	74	48	218

注：*1. 住宅类型：H—平房，M—多层，T—高层塔楼

这对于探索当中的 N 街街道居家养老体系的发展提供了有力的政府支持；N 街街道办事处在社区居民老龄化以及危改、房改和在社会转型下，努力探索出了一种对其他社区而言也颇具启发的居家养老体系模式。

3.1.1 少数民族聚居区：来自政府的关注与支持

N 街回族居民（穆斯林）聚居区的形成可以上溯到元代初年。① 另外一种说法是明朝灭亡，清军入关后，这里才成为回族聚居区。② 明清时，清真寺既是回族社区的地理中心，也是政治中心，因此一个回族社区总是围绕着一个清真寺而存在的，称为"寺坊"。③ 清真寺内部有较为完备的教务和寺务管理组织，通过这两个组织，对清真寺内部及寺坊的穆斯林进行管理。④

1949 年之后，一方面，国家的民族政策和宗教政策，使清真寺作为回族聚居区权力中心的作用被瓦解；另一方面，通过广泛地安排转业和就业，使得 N 街回族社区中的成员被纳入到单位，依附于国家和单位，而不再仅仅依附于社区。⑤ 在住房方面，20 世纪 60 年代后，私房的国有化使很多汉族居民进入 N 街街道，回汉杂居的状况越来越明显。同时，由于政府在 20 世纪 50 年代初和 80 年代后实施了尊重少数民族生活习俗和照顾少数民族生活方式的优惠政策，很多回族住

---

① 刘东声，刘盛林. 北京牛街. 北京：北京出版社，1990：7.
② 北京市政协文史资料研究委员会，北京市民族古籍整理出版规划小组. 北京牛街志书——冈志. 北京：北京出版社，1990：1-2.
③ 马松亭. 中国回教的现状·续（在埃及正道会的讲演）. 月华. 1933, 5（17）.
④ 北京市政协文史资料研究委员会，北京市民族古籍整理出版规划小组. 北京牛街志书——冈志. 北京：北京出版社，1990：58.
⑤ 良警宇. 牛街：一个城市回族社区的变迁. 北京：中央民族大学出版社，2006：26.

户,尤其是老人,不愿离开 N 街社区。①

目前,N 街是北京最大的回民聚居区,在某种程度上,也是全国穆斯林的中心。因此,它是展示民族和宗教政策的窗口,所有这些都促使北京市各级政府对 N 街的各项工作高度重视。尤其在 20 世纪 80 年代之后,在宗教信仰、尊重生活习俗、教育、保护清真饮食业、促进回民就业等方面做出了很多政策安排。街道办事处,从办公条件,到可用于街道和社区事务的资金,与一般的街道和社区相比,都更为充足、更有保障。这些为街道参与并主导社区居家养老体系的建设,提供了政策与资金保障。

3.1.2 社区溯源

N 街道位于将近 3000 年以前的春秋初期甚至更早时期的蓟城遗址,从那时起,直到元大都迁城,这里一直都是居住地。目前社区范围内现存最早的建筑物法源寺早在唐朝初年就存在,当时叫作悯忠寺,是唐太宗李世民为纪念征讨朝鲜的死难军士而建的,建筑物本体非当时所建,但基址一直未变。另外,随着辽、金、元等北方少数民族在北京定都,北方少数民族大量迁移进北京,北京成为众多民族聚居的国际城市,维吾尔族、回族等伊斯兰民族从元代开始也陆续迁入北京,待元西征时,大量的回族居民被迫迁至北京城,因而在北京城形成伊斯兰聚居区,而 N 街是其中历史最久远的一个聚居地,中心的 N 街礼拜寺据传是元代初年建成的,还有一说是辽代建成的,可见其历史的久远,而且也一直延续至今。

因而在历史上,北京作为都城的建设无疑对于社区的变迁起着决定性的作用,例如对于迁入都城内的居民的身份,主要是金、元、清少数民族政权时的民族等级划分,清内城为满族八旗居住地,外城为汉官汉民居住地等严格的限制以及财富等限定的准入,例如元代对于里坊的划分,划分基本的住宅院落单元,必须购买整个单元及以上的住户才能准予购买、迁入。因而北京的内外城在形态、功能、居民的构成等众多方面存在重大的区别。N 街作为外城接近边缘的地区,传统的居住地带有较为明显的外城的特征,如人口密度高,街巷不是东西走向而多南北走向。

3.1.3 改变中的老社区

1949 年后,随着 20 世纪 50 年代对于北京新城发展的争论,最后以旧城为基础及部分国家机关在旧城西郊新建开始了新中国成立后的城市建设,其后的拆除城墙和城门使北京城的城市形态发生了彻底的改变,而以旧城为基础的发展对于居住地的影响也是很大的,对于改变为政府办公及其他公用设施用地的居住地则是拆迁移居,而其他位置的住宅地则基本保持原有的用地性质,但是其周边的

---

① 良警宇.牛街:一个城市回族社区的变迁.北京:中央民族大学出版社,2006:40,28-29.

王府或空地也多改变为办公用房，或新建为办公大院，从而使得较多的住宅地都成为了居住和办公混合的用地。在 N 街地区此特征很明显，除了对原有密集居住地中少量的办公用房的改建外，在原来的荒地，也就是坟地、菜地等大量空地处形成了若干个办公大院和区体育场馆及学校，电影院等其他公共设施。

另外，在 1991 年的城市总体规划中，广安门大街沿街规划为商业金融用地，使得 N 街的北侧边界成为区域的商业中心。

另一个重大的影响是 1997 年开始的 N 街危改，作为当时北京市最大的危改项目，并且当时在住宅体制改革的初期、商品住宅发展的初期，此次改造对于 N 街的影响是极为重大的，彻底地改变了可能是将近 3000 年的社区形态，从平房的胡同区变成高层等混合住宅地。从 50 年代后期办公大院的建设开始，整个社区就逐渐变为多层和平房的混合区，而随着整体规划中商业金融用地等带来的商业开发和危改以及由此开始的大规模的城市开发，现在已经成为商业繁华、形态各异的商业办公、居住、旅游文化混合地区了（图 3-3）。

N 街道也是一个老龄化较为严重的社区，虽然低于本区总体的老龄化率，N 街道的总人口约为 5.4 万人，其中 60 岁及以上的老年人总数为 8340 人，占总人口的 15.44%。在这些老年人中，80 岁及以上的老年人有 1511 人，占老年人总

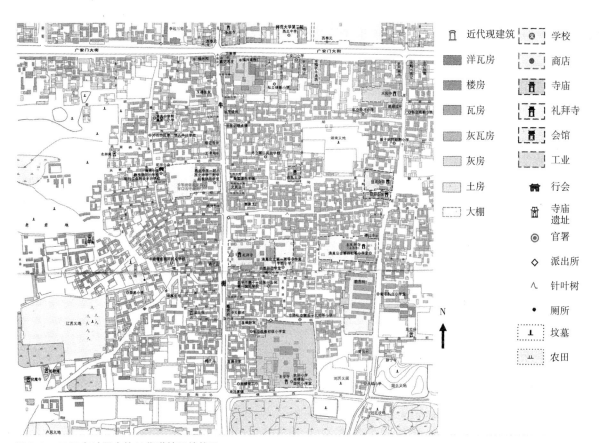

图 3-2　1949 年地图中的 N 街道辖区的状况

1949年的胡同
当时是回族的寺坊聚居区，也多有汉族人的会馆，住宅形式均是四合院

1997年的NJ大街
上：当时仅宽7.2米的社区主要道路（现拓宽为40米）；下：回族餐饮店铺繁密地铺入胡同

1997年的胡同
上：尚保存较好的四合院；下：大杂院，这是危改前夕的状况

2007年的胡同
上：为鲁迅曾住过的绍兴会馆；下：烂漫胡同，是目前仅存的胡同街区，缘于其位于法源寺历史保护街区范围内

图3-3　N社区中传统胡同街区的今昔

N街道的老年人口数量及收入状况　　　　　表3-2

项目	人口	收入	
	数量（人）	收入（元/月）	比例
总人口	54000	有	95%
60+	8340（15.44%）*	无	5%
80+	1511（18.12%）**	1000以上	60%
空巢	1626（19.50%）**	不足1000	35%
*占总人口的比例；**占总人口的比例		0~300	5%

数的18.12%；空巢家庭中的老年人总数为1626人，占老年人总数的19.50%。社区中95%的老年人可以领退休金，约有60%的老年人的退休金在1000元以上，另外的35%的老年人每月退休金不足1000元，而还有5%的老年人没有收入（表3-2）。①老年人的总体健康情况，有87%的老年人健康状况较为良好，有13%的老年人需要家人或者保姆照顾生活。

危改在改善N街居住环境的同时，也改变了原有的胡同肌理和传统的邻里关系。N街原有胡同居住密度极高，在政府的推动和开发商的参与下，自1997年10月，以3年为期开始了北京市最大规模的危房改造，目的是改善居住在不安全房屋中人们的生活状况。

1998年开始的住房改革使人们的生活由依靠单位照顾，转向街道和社区。

---

① 2005年北京市职工月平均工资2734元，最低工资为每月300元。资料来源：http：//finance.sina.com.cn/roll/20060327/1325616444.shtml
http：//finance.sina.com.cn/xiaofei/canyin/20050630/08421742791.shtml

在街—居体制向社区制的转化过程中，各地街道办事处和社区居委会对于社区事务的服务和管理，也都处于探索阶段。各自根据自己的传统、条件和理念，有不同的做法。N街街道办事处成立了服务项目齐全、办公条件宽敞整洁的"社区服务大厅"。

N街的居民可以方便地到社区服务中心去办理与生活相关的各种事务，街道下属的十个社区也都在居委会组织下，设立了服务中心，根据各个社区的传统，形成各具特色的社区服务体系。对于社区老年人的生活照料等服务，也都纳入了街道与社区的服务范围。从2004年开始，受社区人口老龄化情况的影响，同时受其他社区养老工作的启发，由街道牵头，开始了一系列由政府和街道主导，社区与服务企业参与的居家养老服务体系的建设活动，取得了很大的成绩，其中N街街道和春风社区的工作，被列为北京市模范（图3-4，图3-5）。

清真寺

社区服务中心

下辖的DL社区居委会内景

居家养老关爱服务中心

DL社区居民自主管理的乒乓球场

社区广场上举办的一次演出

图3-4 N街道目前的街区和生活场景

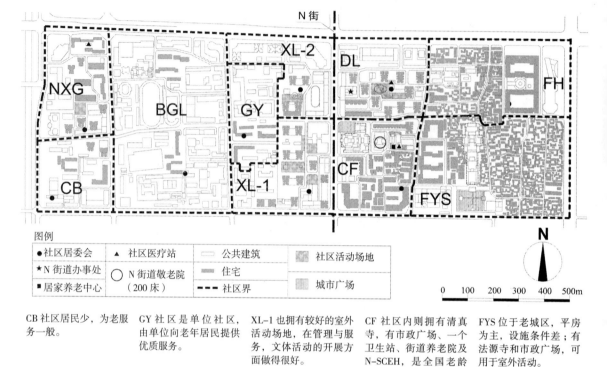

图 3-5　N 街道总平面图
资料来源：根据北京市地图、N 街道平面示意图等绘制。

3.2　研究的目的与方法

对于 N 街道展开的老年支援计划，本章将调查的焦点置于各主要支援主体的作用以及在该计划中各主体的相互关系。具体调查对象包括 N 街道办事处、各社区居委会以及其他的相关部门和机构。具体的调查内容主要包括：①N 街道老年支援体系的形成过程；②它的模式特征；③N 街道老年支援体系各相关支援主体之间的相互关系；④它的启示。

具体的研究方法主要为实地踏勘和深度访谈，调查的详细情况见绪论。

3.3　N 社区老年支援体系的形成与特征

N 街道居家养老服务体系是在 N 街街道办事处的直接领导下，与社区居委会和服务企业与个人共同协作，逐步建立和发展起来的。具有以下四个特点：

①街道形成了专设机构、专人定岗的工作机制，即由街道办事处的民政科（CAS）设立了专门管理老年人事务的机构——居家养老关爱服务中心（N-SCEH）。N-SCEH 向所辖十个社区派出专门的老龄协管员，与社区居委会的老龄主任合作。②街道专设机构与社区居委会协作，共同为社区老人居家养老服务。③各个社区根据自己的传统，形成了一套各具特点的养老服务做法。④街道和社区根据老人的需求，组织社区内企、事业单位提供服务。

3.3.1 N 街道办事处的主导性：专门机构与专门人员

N 街道居家养老服务体系的建立，是由街道办事处牵头、组织、构建，并支持其发展起来的，由于街道办事处是政府机构，并且在整个构建过程中动用了相当多的行政资源，包括下属居委会的办公场地、经费等，都是由街道统一提供的，工作安排方面也突出了较强的行政色彩，因此可以说，N 街道居家养老服务体系是由政府主导的。

N 街道原有一个敬老院，60 多个床位，远远不能满足需要，2007 年，街道新建了养老院，将床位扩充至 200 多个。随着社区老年人数量的明显增多，N 街道办事处的各个部门都想方设法在各自的管辖范围内为老年人多做实事，例如城建科通过对 N 社区进行的无障碍改造、安装入口台阶扶手等措施，努力为老年人营造安全的社区环境。2004 年，街道办事处的民政科了解到了外地某城市的一个典型事例，并且由于在他们的实际工作当中发现社区中需要帮助的老年人越来越多，因此，由民政科发起的一个旨在支援社区老年人的计划开始慢慢形成。

民政科赴外地参观学习了先进事例，并与其他有关方面进行了讨论，在此基础上开始着手制定计划，从而开始了较为系统化地进行社区老年支援体系的建构，而民政科作为中心的机构展开了此项事业的探索。

首先，他们先在社区内进行了小范围的咨询，进行前期的调查研究。参加讨论的有各社区的老龄主任、老年人代表和各社区居委会主任。通过讨论，大家形成了一个共识，由于社区内的养老机构严重不足，确实需要社区采取有效的措施为老年人提供支援和帮助。在初步调查研究的基础上，最终，直到 2005 年的下半年才逐渐形成具体的计划，由此开始进入逐步实施的阶段。这个计划的目的是在社区内构建起一个大平台，汇聚社区内的各方力量，并且对老年人的支援采取专设机构进行负责。

这样，一个名为"社区居家养老关爱服务中心"（下简称中心）的机构随后正式成立，从社区内的下岗职工中招聘了 10 名工作人员，职位称为"居家养老协管员"，这也是北京市首次出现专门的负责老年人事务的社区工作者。该中心的负责人由一名多年担任社区居委会主任的中年女士担任。

中心的工作方式是向每个社区下派一名养老协管员，平时在社区工作，与社区的老龄主任一起全面负责本社区的老年人事务，每周到中心开例会，汇报一周情况。同时，中心认识到了对老年人的支援远非他们一方所能解决的，是一个复杂的系统工程。因而，他们开始着手与辖区的相关机构进行协作，例如社区服务中心、地区医院、派出所、司法所、社会保险所以及社区居委会，努力整合社区内的服务资源，纳入社区老年支援体系中去。

3.3.2 专设机构与居委会之间的协作

街道办事处下设的专设机构——居家养老关爱服务中心（N-SCEH）有10位协管员。该中心的所有为老服务，均需通过派往各个社区的协管员与社区居委会之间的密切合作来完成。协管员既属于中心，又直接参与社区具体事务。实际上，中心在街道办事处民政科与社区居委会之间搭设了一个及时交流、传递信息的桥梁。专设机构提出计划，通过协管员与社区居委会协作完成。中心一直作为社区老年人事务的核心基地在活跃地工作着，较为制度化的社区老年支援体系逐步建立起来了，还被所属区选为居家养老的试点社区（图3-6）。

在中心成立之后，首先进行的一个项目就是对辖区内所有60岁以上的老年人进行一次入户调查，调查有两个主要的目的，其一是掌握社区老年人的基本情况，如健康、收入及住房条件等，其二是收集老年人的需求信息。

调查首先由三个社区作为试点而开始实施。调查采用入户调查的方式，超过1000户、2000多位老年人接受了访问调查。随后，调查扩展到辖区所有的其他7个社区。整个调查进行了较为周密的准备和安排，由于是入户调查，在调查开展前，街道办事处和居委会进行了广泛的宣传动员，以取得老年人和他们的家庭成员的支持和合作，而且调查是在居委会的协助下共同完成的。事实上，调查得到了老年人的大力支持和合作（图3-7）。

到2006年年底，中心完成了所有10个社区的入户走访调查和数据收集工作。随后，每个社区建立或完善了社区的老年信息库，所有的数据集中到中心，形成共享的老年人信息库，这样，为其后的项目的开展提供了坚实的基础。

另一个项目是中心与一家家政公司签订协作合同，以100~300元的养老服务券的形式，为部分有困难的老年人提供照料和服务。最后，在老年人需求调查的基础上，结合能够获得的服务资源，面向辖区所有老年人的服务项目逐渐开始实施。至作者在2007年1月调查时，又开办了为60岁以上老年人家庭免费换煤气罐的支援项目（注：所辖社区中有较多住宅没有通管道煤气，还需要人工搬运煤气罐，送货上门的话，无电梯每层楼要收取1元钱）。同时，街道办事处还根据老年人的需求，寻找相应的服务商，与他们签订合作协议，提供专门的服务，例如老年餐桌。

中心与居委会之间的协作还表现在共同解决为老服务中的一些具体问题上，比如上述入户调查显示，老年居民比较迫切需要解决的几个问题包括：①老年餐；②日常服务，比如修脚等；③简单的医疗服务以及陪伴就医；④日间照料等。中

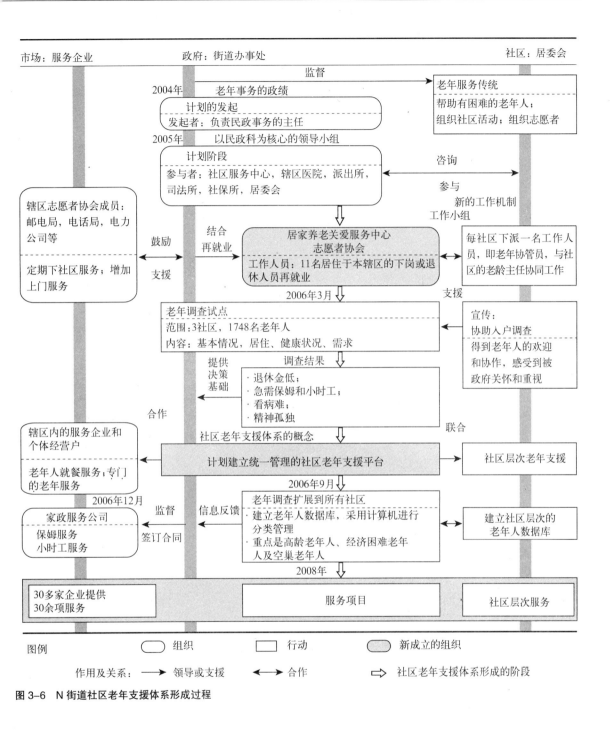

图3-6 N街道社区老年支援体系形成过程

心从调查中掌握了老年人的这些需求,但是却没有能力独自去解决,因为政府机构不可能提供这些具体的服务,也不能动用行政措施来解决。此时,中心仍需同社区居委会合作,居委会的工作比较贴近社区生活,掌握社区中各种资源的情况,可以提供社区内服务机构、人员的资料给中心,双方再共同寻求解决方式,分别从不同的渠道做工作。

N街道居家养老关爱服务中心　　　　社区老年调查及档案建设

图 3-7　N 街道专门的社区老年支援机构及其开展的项目

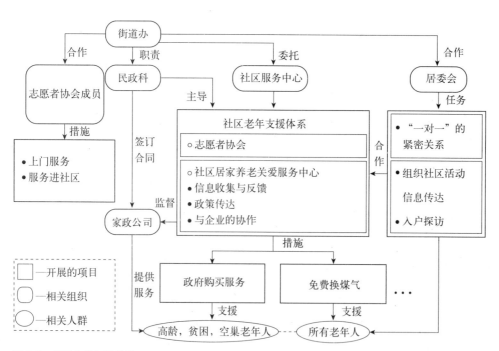

图 3-8　街道与社区的协作

3.4　社区层次的老年支援传统与特色

3.4.1　各社区的条件各异

　　N 街道办事处下设 10 个社区居委会。虽然它们都在街道办事处的领导之下开展工作，但是由于各自社区的地理位置、传统和特点不同，在居家养老服务方面，也分别有不同的对策与方法。这些具体的做法，有赖于社区领导和工作人员的眼界和能力。社区的服务是从属于街道的，并且与街道的工作共同构成了一个较为完整的居家养老服务体系。

调查表明，从地理位置上来看，临N街的几个社区（XL-1，XL-2）以及围绕在街道办事处和清真寺周围的几个社区（DL，CF），为老服务设施和管理与服务都做得较好，这是因为：第一，这些是传统社区；第二，它们得到了较多的政策和财政支持；第三，社区居委会工作展开得较好。CF社区的老龄主任与来自中心下派的协管员通常都一起工作，相互信任，配合好，这样既有利于很好地完成街道交代下来的任务，也能够及时、方便地把基层社区中老年人的真正需求反映给中心。从社区分类来看，GY社区延续了单位保障的单位社区，为老服务条件较好。NXG社区是居委会与街道和社区内企业以及居民沟通较好的社区，即使设施条件有限，也能把工作做得较为完善。FH社区虽然本身场地条件较差，但位于老城区，可以充分利用周边的城市服务设施，为老服务也较有成效。[①]

[①] DL社区是N街道办事处和CAS、街道敬老院等一系列街道级办事机构的所在地。与之相邻的CF社区内坐落着清真寺。这两个社区因其特殊的地理位置，决定了其各项工作备受各级政府甚至全国穆斯林的关注。它的各项工作都必须非常突出，包括为老服务。目前CF社区是全国的老龄工作先进社区。这两个社区的为老服务工作整体上做得都比较好，主要表现为与街道协管员配合、服务设施、管理与服务以及志愿者服务等各方面工作都比较好。CF社区的老龄主任与来自中心下派的协管员通常都一起工作，相互信任，配合得好，这样既有利于很好地完成街道交代下来的任务，也能够及时、方便地把基层社区中老年人的真正需求反映给中心。在笔者采访的过程中，几次都遇到他们两人不在办公室，而是一起到老年人家里做定期的入户访问去了。他们的入户访问，除了询问和掌握情况，还会即时帮助老人解决一些力所能及的事情，比如遇到老人家里灯泡坏了，随手就给换上了等。这两个社区能够提供给老年居民的硬件服务设施比较多，也安全、方便，包括专门的社区活动中心、老年学校、按照民政部"星光计划"要求设置的老年人"日间照料室"等（星光计划是由中国国家民政部主办的一个项目，它的活动包括从福利彩票的收入中拿出一部分钱，来帮助每个社区设立一个专门为老年居民服务的"日间照料室"。但是，管理与维持方面的费用和要求没有详细说明，因此，各个社区对这个"日间照料室"的管理与使用有很大的差别）。

NXG社区是另外一个为老服务开展得较好的社区。除了有较好的服务设施之外，该社区的主要特点是能够充分调动社区内的个人和服务性企业，积极参与到组织了丰富多彩的老年活动。比如，他们有定期的居民大会，了解和解决社区内的各种矛盾；他们动员社区内的餐馆等企业，免费提供场地为老人举办庆寿会；老年学校举办各种适于老人参加的活动，每晚都可以去那里跳舞；为了解决老年人活动场地不足的问题，经过努力，即将建起整个N街道最大、最好的室外活动广场。BGL社区的硬件设施比较一般，但是他们在筹建社区一级的老年人档案方面做的很好。XL-1和XL-2社区都拥有较为充足的室外活动场地。其中XL-2社区由于办公条件太差，街道出面给居委会租了办公室和老年活动用房，而XL-1在管理与服务、文体活动的开展方面，都做得很好。

GY是比较特殊的一个社区，虽然身处N街道，同时也位于GY这个单位大院内部，社区老年居民大都是GY的退休职工及家属，因此，单位出面为社区老人提供了非常好的服务设施，管理和服务以及文体活动的组织也很完善。尤其是在职工食堂中，单独开辟了专门提供老年餐的老年餐厅，环境优雅，食物营养讲究搭配，由于单位给了一定补贴，所以价格低廉。FH是一个条件相对较差的社区，调查当时，除了一个新楼盘在建之外，主要是旧平房区。但是居委会的为老服务组织的比较有特色，主要关注各种活动的组织、健康服务等。同时，由于位于老城区范围内，虽然社区本身设施较差，但是老城区发展较为完善成熟，老人们可以利用社区周边的一些城市设施。

3.4.2 各社区的老年支援体系培育

在由街道主导的计划之外，作为居民自治组织的居委会，本来就分别有自己独立的助老服务的支持，因为居委会在中国目前还有着非常明显的行政特征，所以他们的这些助老计划也可视为政府主导下的一个组成部分。不同的居委会根据自身的具体条件提出不同的措施，在调查中可以明显地发现居委会工作开展的好与坏，当然，与社区的其他条件有关，但是老年居民生活支援水平的高低确实与居委会工作的开展有非常密切的联系（表3-3）。

调查：十社区养老服务状况比较　　　　　　　表3-3

	NXG	CB	BGL	GY	XL-2	XL-1	DL	CF	FH	FYS
与协管员协作	N	N	N	—	N	N	G	G	—	G
管理与服务	G	N	N	G	N	G	G	G	N	G
服务设施	G	N	B	G	N	G	G	G	B	G
志愿者服务	G	—	—	—	—	—	G	G	—	—
文体活动	G	—	N	G	G	G	G	G	N	G
老人档案	○	○	G	○	○	○	○	○	—	○
居民大会	○	×	○	×	×	×	×	×	×	—
室外活动场地	G	×	×	N	G	G	G	※	×	※
备注		○有　×无　※有城市广场　G好　N一般　B差　—未调查								

比如NXG社区，它是新近改造的一个高层住宅区，居委会的办公用房紧邻城市干道和社区的主要出入口，居民办事非常便利，而且对外的联系也非常方便，从外观上就有开放服务的姿态。同样地，内部办公用房的布局也非常有序（对于居委会办公用房的面积配置，北京市有明确的规定，这使得居委会能够保证其各项工作的开展。但是在N街，笔者了解到居委会的办公用房都是由街道解决的，单是居委会办公用房的租金就是一笔非常大的开支，如XL的两个社区，现在只能在地下室办公，但是街道将要把一处面积较大的独立的平房分配给他们用，马上就开始装修。那么，可以说，政府法规上规定了居委会的面积指标，但是，具体从哪里出这个面积？对于新建小区，确实可以从其配套公建面积指标中得到，但是对于建成小区，只能从街道可支配的街道产权用房中解决，如果没有，只能通过公共财政收入租借）。DL社区在旧城改造中建设了综合性的社区服务中心，面积大，功能全，一层是社区开放办公窗口，二层是社区卫生站，三层、四层是社区服务公司，其中设有计算机教室等市民学校。还有物业公司分管的绿化管理，绿化管理还常常进行重新设计和整饬。

3.4.3 面临的难题

所辖社区由于历史、区位、社区类型等客观条件，包括社区老年支援体系在内的社区服务及设施方面差异非常大。N 街道中有以 CF 等为代表的北京市优秀为老服务社区，也存在各方面条件较为简陋的社区，例如 CB 社区和 FH 社区等，社区居委会的办公条件偏僻、简陋，有的甚至是临时性建筑，有的位置在非常偏僻的角落里。

相应地，在为社区居民整治的文化体育以及公共服务设施方面，有些社区由于辖区单位多、住宅楼分散、城市道路分隔等种种原因，社区的活动场地极为有限。各社区在设施和环境方面的比较详见图 3-9。

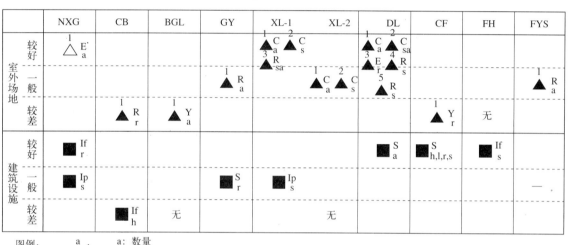

图 3-9 各社区居民活动设施的配置状况

3.4.4 街道组织社区内个人和企业提供服务

街道意识到，仅靠街道、中心和居委会，难以满足老年人多样化的需求。所以，它主动寻求并有效组织街道辖区内外的企、事业单位的各种帮助，把它们包含在街道为老服务体系之内，以丰富和完善社区的老年支援内容。

根据上级的老年政策、入户调查结果以及日常由协管员与居委会老龄主任所掌握的社区老年居民对服务的需求情况，街道出面组织社区内的服务性企业和个人，为老年人提供特殊服务，比如：①根据政策，对辖区内符合救助标准的比较困难的老年优抚、优属对象，分期分批经街道核准，由街道出资，为其购买养老服务，称为"政府买单"，由居家养老关爱服务中心在辖区内寻找一家服务多年、口碑良好的家政公司，与其签约，专门提供这部分"政府买单"的养老服务；②由于调查显示，老年人就餐是一个难以解决的大问题，街道有意寻求一些定点餐厅，提供专门的服务和场所，截至调查时为止，尚处于协调当中；③ 2006 年底，街道提出了一个为辖区内 60 岁以上老年人免费送煤气罐的服务项目，由中心出面，组织了一些社区内 40~50 岁左右的下岗居民提供服务等。

另外，中心实际上是一套机构、两块牌子，另一个名称是"志愿者协会"，也就是说，它同时还负责街道与志愿者之间的协调工作。当志愿者（包括个人，以及银行、邮局、社区医院等辖区内的事业单位）愿意提供某些服务以及当街道从实际需求出发，需要寻找志愿者提供某些服务的时候，它们通过中心进行协商，最终达成一些安排，为老年居民提供服务。

3.5 社区老年支援体系的模式与启示

3.5.1 模式的特征

N 街道社区老年支援体系模式是发展变化的：①在计划经济时期，居民的日常服务主要归属各自所在单位统一提供，家庭提供主要的辅助，因此，只有个别无单位或者无子女的老人需要由街道通过社区居委会直接或组织志愿者提供服务。N 街道是回民聚居区，来自民族与宗教传统的邻里关系也能提供一定

N 街道社区老年支援体系模式构成　　　　　表 3-4

发展过程	模式构成	
1）街道指导下，社区居委会、志愿者和邻居直接提供为老服务		图例 □ 政府 （街道办事处/民政科）
2）街道指导下，社区居委会与社区内企业单位，各自提供服务		○ 社区 （居委会） △ 市场 （服务企业/个人）
3）街道下设专门机构，负责与社区居委会以及社区内企事业单位协调，共同构成居家养老服务体系，提供多种、多层次的综合服务	监督者　服务管理者/服务提供者　服务使用者	◇ N 街道居家养老关爱服务中心 • 社区老年人

的帮助。②自 20 世纪 80 年代开始经济改革之后，商业服务进入社区，与社区居委会一起，为老年人提供更丰富多样的服务。社区商业服务在一定程度上，受政府的政策与指导约束。③ 1998 年开始的住房改革，使得大量的社区居民失去了单位所提供的福利与服务保障。近年来社区体制的改革以及该社区少数民族聚居区的特点，使得该街道办事处的各项工作在各级政府和政策支持下，开展得较为积极主动。面对社区居民老龄化的现象，街道办事处设立了专门为社区老年居民服务的"居家养老关爱服务中心"，出面协调与组织社区居委会和社区内的企事业单位，共同构建一个较为完善的街道居家养老服务体系，提供多种多样的、多层次的服务。目前，该体系中，需要街道与社区内企业协调的部分，尚存在一些问题，有待进一步探索。

3.5.2 存在的问题

目前 N 街道居家养老服务体系的状况是：街道办事处、其下属的居家养老关爱服务中心、社区居委会以及社区内的部分企业都愿意共同努力，为社区老人提供所需服务。存在的主要问题是，街道办事处作为政府机构，对于社区，尤其是对于老人个体的需求了解得仍然不够——不够全面，不够真实，因此，有时候尽管已经做出了一定的努力，效果却不尽如人意。这反映了作为政府机构的街道办事处，在处理贴近老百姓生活的实际问题中，有一些交流和沟通方面的问题，需进一步解决。

比如，街道办事处有一项措施，是根据上级有关政策考察街道内老人的困难情况，制定了一个给"优抚、优属对象"及困难老人提供每月 200~300 元的由"政府买单"、中心签约的家政服务公司提供上门服务的计划，并已开始实施。实际运行中，一方面，名单上被提供服务的老人，有的并不愿意接受这项服务，有的确实不需要，有的是家属对安全方面有顾虑；另一方面，家政服务公司也有一定的困难，首先是派去的服务人员在待遇方面会比通常的服务人员少一些，其次，对公司而言，为了配合中心的工作，也必须付出一些额外的工作，有时也不被街道理解。

3.5.3 启示

N 街道的社区老年支援体系的模式表明，由政府主导的社区老年支援体系是行之有效的一种模式。它的优势在于方便利用政策和财政支持、可以结合一些政府调节手段（安排 40~50 岁人的再就业等）、方便利用已经形成的基层组织、方便与社区内企事业单位沟通协作等。它的不足在于不能很好地了解社区居民的实际需求和社区企业的一些困难。对于自身以及类似的社区，它的经验和教训都为今后的改善提供了基础；对于其他类型的老年支援体系而言，可以参考和借鉴其中政府参与体系建设的经验，加强自身体系中的政府功能。

3.6 结论

N 街道的老年支援体系，是在街道政府的直接领导下，通过设立专门机构，以专人定岗的方式，加强了街道与社区居委会之间的沟通与协调，与社区内企事业单位、个体服务业者进行协调与合作，充分调动起社区内的各种力量，共同构筑的较为稳定、有效的体系。目前存在的街道与社区企业单位之间的协作方式不尽理想、街道设想与居民需求之间的不协调等问题，有待解决。N 街道在社区老年支援体系上具有以下特点：

（1）街道主导，具有政策与财政支持的优势，并依靠现有的基层社区组织体系得以发展与完善。

（2）街道成立了专门的养老服务机构——居家养老关爱服务中心，协调街道与居委会的为老服务工作，配备了专职人员，形成行之有效的、制度化的组织和工作机制。

（3）10 个社区居委会根据自身条件与服务传统，形成各具特色的为老服务形式，对街道主导体系形成有力的补充与支持。

（4）街道注意与社区内的企事业单位等多种服务提供者进行协作，完善居家养老服务体系，目前尚存在一些问题。

（5）其形成、模式与存在的问题，对其他类型城市社区老年支援体系中如何有效地导入政府力量有借鉴作用。

第4章 市场主导模式：D社区老年支援体系

4.1 调查概况

4.1.1 研究背景

（1）北京和全国的商品住宅开发。

20世纪90年代开始的中国城市商品住宅开发和建设，在1998年终止了计划经济时期实行的福利住房分配制度以后，建设量迅速增长。全国新建城镇住宅中，商品住宅所占比例日益增大，2005年，东部发达地区商品住宅区的比例为13%，高于全国平均水平的9%，且每年的新建商品住宅数量庞大。依据住房体制改革，城镇职工原来租住的公房大多出售给了住户，称为"房改房"。2007年，北京市住房产权性质分类中，持有房改房家庭户的比例为63.2%，持有商品房的家庭户为17.4%。近年商品房供应的持续增长更与个人住房贷款密切相关。目前，北京市最优惠的住宅贷款为八成，30年返还。当然只有中等以上收入的家庭才能负担得起，并能获得贷款（注：此为2006年调查时的地方政策）。

面向老年人开发建设的商品住房出现于2000年，这是商品住宅的开发发展到一定程度出现的市场细分的结果。项目策划首先确定产品目标人群定位，住宅作为产品，出现了明显的功能分化，老年住宅区等多样化的商品住宅出现了。到2006年，全国大约只建成了10个此类项目，它们中大多数规模不大，不到250户，分别建于上海、天津、大连、苏州、北京、杭州和成都。北京建有2个项目，规模均超过了1000户，都是私人开发商开发，目标人群为高收入的老年人（表4-1）。

（2）在中国目前的社会转型期，社会分层日益明显化，中产阶层增长较快，人口数被认为可达2亿~2.5亿人，这个庞大的阶层带动了巨大的消费增长。中国的中产阶层包括机关中层干部、技术人员等。与此同时，居住区相应地出现了空间分异和分离。目前，低龄老年人，即60~69岁的老年人占老年人总数的几乎一半。因而，在老年人中，由于阶层的差异也产生了多样化的需求，应纳入考虑。

（3）中国日益严重的老龄化促发了老年市场的扩大和老年产业的发展，老年住宅和老年社区服务是新兴的重要老龄产品，老年社区这种新出现的社区形式在中国没有经验可循，在住宅类型、服务设施和种类、服务管理模式等各个方面都处于探索实践期，但是为数不多的探索逐渐展现出了一种新的社区老年支援体系的图景。

全国建成的老年社区 表 4-1

	竣工时间	开发者	区位	总建筑面积（万 m²）	规模（户）	入住条件	居住形式	住宅类型	年龄限制
北京东方太阳城	2003	私人	郊外风景区	70.0	约4000	购买产权	1~5LDK住宅	独立别墅，联排别墅，4~5层单元式、连廊式住宅	无
						租住※	单人间，1LK		
北京太阳城	2002	私人	郊外富有温泉地区	30.0	住宅897	购买产权	1~4LDK住宅	别墅，5~9层连廊式	无
					养老院453	租住	单人间，双人间	4层连廊式	老年人
大连阳光家园	2001	私人	郊外风景区	3.0	约250	购买产权	1~3LK住宅	3~7层连廊式	无
天津国际老龄村	2001	政府供给土地、私人开发	郊外	1.3	300床	租住	单人间，双人间	3~4层连廊式	老年人
苏州万杨公寓	2002	国企	郊外	2.4	228	购买产权	1~5LDK住宅	12层连廊式	无
上海宝康老龄公寓	2003	国企	郊外	9.7	养老院255	租住	单人间，双人间	4层连廊式	老年人
上海众仁华苑	1999	慈善社会团体与政府合作	郊外风景区	3.0	222	租住	双人间，1~2LK住宅	13~17层连廊式	55岁及以上老年人
杭州萧山老龄颐乐园☆	2001	政府开发、老龄委员会运营	郊外	2.9	住宅160户	15年期租住	单人间，1~2LK住宅	3~4层连廊式	老年人
					养老院284床	按月租住	单人间，双人间		
成都金色怡园	2004	私人	郊外风景区	5.7	约400	购买产权	1~5LDK住宅	独立别墅，3~5层连廊式	无

注：1. 注☆的住宅未设电梯。
2. ※ 仅有 3 栋公寓可供出租居住，最小租住期为 1 周。
3. 阴影部分的表格内容为福利设施，国企或政府为其提供运行补助。其余均为商业开发项目。
4. 以上社区基本都建有医疗、餐饮、购物、兴趣活动、体育等较完善的配套设施。

4.1.2 研究目的及方法

基于上述背景，本章拟考察商业开发住宅区中老年人的社区支援的状况。调查对象选取了北京市已建成的两个老年社区中的一个，对老年居住者的居住实态进行实地调查。首先，了解在这种新出现的老年社区中老年居住者的生活状态及其对社区设施和服务的满意度；其次，探求在这类老年社区中，为老年居民提供的社区老年支援服务的内容和特征；最后，分析社区支援中各主体之间的关系，概括在商品住宅区中老年社区支援体系的模式构成。

调查方法采用定性和定量相结合的方法，主要包括现场踏勘、深度访谈、参与观察和问卷调查，以获取较全面的信息。在访谈对象的选择上，尽量纳入有关各方，包括开发商、物业公司等服务提供方的主体，还包括社区居委会、老年大学的各种兴趣班的组织者以及老年人等社区组织者和居民。这样，通过考察不同主体从各自的视角出发的意见和建议，比较可能把握社区多侧面、多层次的状况。

具体的调查方法包括：①实地踏勘：调查社区住宅、配套设施以及居住环境的硬件方面的状况；②深度访谈：对开发公司、物业公司、社区组织的相关负责人员以及较多的老年人进行了意见听取，系统把握了社区服务、管理、组织、居住生活等各方面的关键点，对整个社区的建设、运转、社区感的形成等方面进行了整体性的把握；③问卷调查：问卷只针对常年居住在社区内的老年居住者进行了分发（注：社区中还有较多的退休老人只在周末和节假日来此居住），调查的内容主要包括居住者的基本属性、居住实态、满意度评价等，问卷调查采用封闭式问题和开放式问题相结合的方式，以期获得更多的细节和信息。

调查问卷的发送采用现场随机发送、通过邮局寄回的方式。问卷以家庭为单位分发，每户家庭发送完全一样的 2 份问卷，老年夫妇二人分别作答，答完后装入提前准备的信封统一寄回。调查样本数及回收率详见表 4-2。

问卷调查发送及回收情况　　　　　表 4-2

	调查户数（户）	调查人数（人）		
		男	女	合计
发送数量	126	126	126	252
回收数量	39	37	37	74
回收率	31.0%	29.4%	29.4%	29.4%
有效回答数量	38	33	35	68

4.1.3　以往研究

在建筑及规划设计领域中，老年社区是近年新出现的，对其所作的研究大多是提出规划理念和设计构想，例如提出在新建住宅区中设置老年住宅组团等，总体上都偏重物质空间的规划和设计，而对于实际建成使用的老年住宅区缺少居住实态研究。对于从社区发展角度上考察社区感的形成的研究较少。姚栋对本调查社区进行过调查，但仅限于对建筑和规划的概要性介绍（姚栋，2007）。

在管理学、社会学等领域，杨团提出中国城市的服务支持体系正由单一的政府供给模式转变为多元化供给模式。服务提供者包括企业、非营利性组织等。

昝庆文从开发商的角度分析了该案例的项目策划过程，论述了企业在老龄化发展的态势下，兼顾经济效益和社会公益性的可能性和必要性，指出了老年社区建设的可行性。

颜廷健对北京市最早出现的另一大型老年住区进行了实地调查，这是对老年社区最早的实态研究，调查了解了居住者的构成和居住实态，发现该社区老年居住者大多具有较好的教育背景，并享有较高的退休金，大部分的居住者为健康低龄老年人。另外，还调查了住宅的购买状况，结果表明，其中44.1%的住宅由老年居住者的子女购买，32.4%由老年人自购，另有22.1%为老年人与其子女共同出资购买。

4.1.4　D社区的开发

1. 建设过程

D社区位于北京市顺义区，距离东直门约30公里，距离顺义城区约5公里（图4-1）。其用地南北方向展开，形状不规则。东侧邻近潮白河，现已规划为森林公园，此段为林地。西侧隔道路有村庄一处及农田。用地周边地区尚属农业用地，没有任何城市公用设施（图4-4，表4-3）。

D社区的开发建设从策划之初就参考了美国的退休社区开发模式，是面向退休者的商业开发项目。住宅的建设和社区规划考虑了老年人的使用要求，例如社区有较为完善的无障碍设计、建筑物出入口设置坡道、4层的住宅设有电梯。住宅按照类型分为几个组团布置，包括4层跃层带电梯的普通住宅，有单元式和连廊式，2~3层的联排别墅及独立别墅，还建有一小部分四合院。

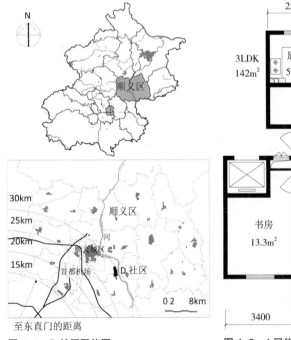

图4-1　D社区区位图

图4-2　4层住宅三室户型平面图（142m²）（单位：mm）

住宅类型多样，相应地，建筑面积也有较大差异，从 69 平方米到超过 300 平方米（图 4-2）。

D 社区的开发建设分为三期。一期：一期位于用地的西南，于 2003 年竣工并入住，住宅类型有 4~5 层单元式和连廊式普通住宅、联排别墅以及一个小型的社区中心和菜市场。其中社区中心包括邮局、超市、餐厅、活动室等设施。二期：二期规模较大，占据用地的中部和东南部分，于 2005 年竣工并入住，主要包括中部的大型社区服务中心，住宅类型有 5 层的单元式住宅、联排别墅、独立别墅、短期出租的公寓，另外建有一个高尔夫球场和高尔夫球练习场。三期：三期于 2007 年开工建设，规划为 6 层的普通住宅和独立别墅区，作者实地调查期间，三期的多层住宅正在建设并陆续建成，至 2008 年 9 月第三次调查时，三期的住户已经开始进行装修，三期的别墅区也已于 2012 年开始入住。三期完成后，总规模约为 4000 户（表 4-4）。多功能的社区服务中心位于社区的中央位置，建筑面积约 5 万平方米，规模较大。整个社区以低密度、高绿化率和开敞的水景及开放空间形成了特有的特点（图 4-3）。其规划和建设分为三期，本研究只涉及其第一期和第二期的住宅、设施及服务。

项目主要经济技术指标　　　　　　　　　　　表 4-3

占地面积	234 公顷
规划总建筑面积	70 万平方米
一期建筑面积（建成）	12.5 万平方米
二期建筑面积（建成）	24 万平方米
三期建筑面积（拟建）	30 万平方米
户型面积	69~710 平方米
规划总户数	4000 户
容积率	0.29
绿化率	80%

分期建设情况　　　　　　　　　　　表 4-4

分期	入住时间	户数（户）	面积规模（m²）	层数（层）	总建筑面积
一期公寓	2003.04	500	70~230	4	
二期公寓	2004.11	890（总）	69~250	6	
二期独栋别墅，四合院	2004.11			1~3	
联排别墅	2005.3	231	220~270	2~3	
三期南区	2008.06	1196	82~176	6	38.8 万
三期北区	2010.07		116~200		44 万（总）
别墅	2012.01	125	410~540	2	

1期多层住宅　　社区中心　　高尔夫球场

住宅　　配套公建　　绿化景观

图 4-3　D 社区外景

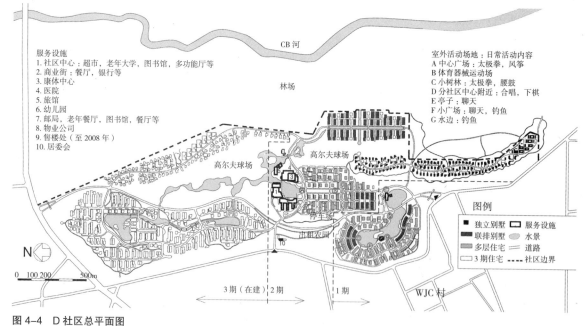

图 4-4　D 社区总平面图
（服务设施位置及居民活动场所）

2. 入住条件

D 社区虽然在目标人群的定位上是"退休生活的领跑者"，但其入住条件并没有年龄的限制，因为退休职工很难申请到住房贷款，因而大多数 D 社区的老年居住者都要全额付款购买住房。日常服务项目的收费，基本的有按面积收费的年度物业管理费、集中供暖费和按使用量收费的水、电、和天然气费。另外，住宅交房均为毛坯房，住户搬入前需要花费较长的时间装修。

3. 居住者的类型

通过实地调查发现，D社区的居住者主要有三种类型：第一种是原来居住在北京市内的退休的老年人或者是五十多岁即将退休的中年人，这类人群的社会阶层较为接近。这里的住宅均为其第二居所，其中有相当多的住户只是周末才来此居住。一部分的住户已经长期定居于此，在这些住户里，不乏两代老年人的家庭。第二种是由北京市外迁入的外地老年人，这类人群的特点是其子女在北京市工作，社区内的住宅也往往是其子女购买的，这类家庭往往是独生子女家庭。这类老年人家庭的收入往往差异较大，例如有一位从石家庄迁来的退休工人，每月退休金只有1000元左右，他表示很难适应这里的生活，为此而整天发牢骚。第三类人群是在附近工作的年轻人。

4.2 社区老年支援体系的构成

4.2.1 主要的支援者及其作用

D社区像大多数位于郊区的商品房小区一样，所有的住宅和配套公建均由开发商统一建设，并由其下属的物业公司负责社区的服务管理。作为最主要的服务供应者，开发商首先提出了退休社区的概念，提供了多样化的设施和整体的居住环境，并负责服务和管理以及社区活动的组织和培育。

首先，2002年，开发商提出了"退休社区"的概念，之前的三年里，他们做了较大范围的社会调查，并且多次参观美国的太阳城。通过调查和参观学习，他们提出了退休社区的概念，认为有以下原因可支持其策划和实施：①基地的位置和较为便宜的地价。虽然从基地去北京市内有便捷的高速公路联系，私家车出行较为便利，但是连接北京城区和顺义区的公共交通只有一条线路。距离北京城区较远的距离及不便的公共交通难以每天通勤。②北京市不断增长的老龄化人口。开发商认识到随着住宅市场的细分，老年住宅市场出现了，并且可能会有较快的增长。根据市场调查了解到老年住宅需求存在较大的发展空间，因而开发商力图尽快占据这个新兴的老年住宅市场，早进入以避免竞争。③社区服务供应不足。从20世纪90年代中期开始的住房体制改革，逐渐将社区服务推向社会，其中为老年人提供的服务非常有限，这也是老年人特别担心的居住问题。

其次，物业服务公司负责全体居民的基本日常服务。在D社区，服务组织分为两种类型，一种是下属于开发商的物业服务公司和一个称为俱乐部的组织，后者主要是负责文体设施的服务管理和社区居民的文体活动的组织，另一类是与开发商签订合同的服务设施，如医院、超市、高尔夫俱乐部等。第一类提供社区的基本服务和管理，后一类提供专门的服务。

4.2.2 社区老年支援的特征

D 社区为满足老年人需求而提供专门服务，并形成了其特有的支援特征。

1. 服务设施布局

本社区的基地原为河滩地，靠河一侧为延展的防护林，现在开辟为森林公园，另外一侧有一处村庄。由于基地完全处于农村环境之中，距离顺义城区也有相当的距离，周边没有能够利用的服务设施，因而，所有必需的服务设施均由开发商统一新建。开发商考虑到目标客户群设定为"高收高知"（高收入、高知识层次）的退休人群，规划的建筑标准较当时一般的住宅设计标准为高，而且还有基于老年人特殊需求的专门的功能设置的考虑。

服务设施的建设也是伴随着整个建设的分期而分步建设实施。2003 年的一期建设是位于基地西南的、500 户规模的一块场地，这一期的服务设施主要是位于人工湖边的一个小社区中心，包括一个小超市、邮局和一个活动室。这个阶段，大型的社区活动都安排在售楼处大厅内举办。目前建成的多功能的社区中心于 2005 年竣工，包括一个装饰美观的社区中心、一个康体中心、一条餐饮商业街、一所幼儿园和一处宾馆。其设施数量和标准远远高于通常的单位社区或者是传统的社区，后者往往还在为一个小活动室的有无而奋力争取。而前者有大量的开敞整齐的房间用来作为文化、休闲和体育锻炼活动之用。

2. 社区活动的组织和培育

另外一个突出的特征是社区活动的组织和培育，这也是 D 社区在老年住宅的市场营销中采用的一个较为关键的策略。也就是说，开发商将老年人的生活方式，老年人对于健康、文化和娱乐休闲的需求与市场营销结合到一起，目的是争取达到双赢。社区活动在规模和内容上设置得较为丰富，例如有大型的新年联欢会，也有日常的兴趣班。现在，全年形成了一系列的常设的活动，例如春季有运动会，夏季有音乐季，秋季有重阳节老年活动，冬季有新年联欢会等。另外，兴趣小组的活动贯穿于每天的日常生活。特别地，物业公司设立了一个专门的社区部来负责组织社区活动，这种部门在其他商品房社区中很少见到。D 社区与那些较为成熟的单位社区或传统社区倒有些相同之处，不同之处是后者的组织者往往是社区居民委员会。

D 社区的社区活动的组织与开展可以归纳为三个阶段。第一阶段是社区入住之初，社区活动集中于一些与市场营销相关的表演，虽然那时还没有固定的活动场所。第二阶段是 2005 年集中的社区中心建成使用后，由于设施条件的高标准，社区活动在内容、形式、参加的人数方面都大大扩展了，而这为社区赢得了良好的口碑。第三阶段是 2008 年后，大多数的社区活动越来越与日常生活紧密地联系起来，这也揭示了随着社区的逐步完善，社区活动趋于回归其本质，而逐渐与市场营销脱离开来（表 4-5）。

社区活动培育过程 表4-5

阶段	日期	活动	参与者						
			D	S	C	G	R	N	O
以展示促销售	2002年5月	□快乐云南行	●				○		○
	10月13日	□周末之老年拓展活动	●				○		○
	2003年12月	○2004年新年联欢会	●			●	○		
	2004年1月14日	■满汉全席	●				○		
	1月16日	■水仙技艺大比拼		●			○		
	3月5日	●太极拳俱乐部第二届联谊会	●			●	○		
	4月2日~4月	■第二届植树节	●				○		
	3月25日~4月4日	□第二届潍坊经典风筝艺术节	●				○		
	5月15日	●第三期"欢乐周末"联欢会		●		●	○		
	5月28日~30日	□"兰花馥郁，盛迎开盘"	●				○		
	7月	◆"激情扬歌"歌会	●	●		●	○		
	7月	◇消夏音乐会	●				○		○
	7月	◎健康知识讲座		●			○		○
	9月	●"欢乐周末——自娱农庄喜迎丰收庆典"联欢会		●		●			
	9月18日	●音乐茶室首场活动	●			●			
	9月19日	■第三届阳光杯乒乓球赛		●			○		
	9月25日	●"团圆月，乐团圆—2004迎中秋欢乐家庭总动员"		●			○		○
	10月7日	□香山一日游		●			○		
	10月21日	●重阳节联欢会		●		●			
	10月23日	◎社区义诊		●			○		○
	12月26日	□2005迎新年·京剧艺术盛典	●				○		○
以演出求声誉	2005年2月4日	●2005年春节联欢会	○	○		●	●		
	4月2日~3日	■第三届植树节	●				○		
	7月23日	●首场舞会 ※1			●		○		
	7月30日	▲电影			●		○		
	7月31日	■"康体杯"游泳比赛			●		○		
	9月	□"中秋之夜"露天音乐焰火晚会	●				○		○
	9月24日	■第一届社区文化运动会	●	●	●	○			
	10月6日	◆金色年华歌舞晚会	○			●	●		○
	12月24日	○东方情圣诞夜			●				
	2006年1月18日	▲布贴画作品展摄影作品展					●		
	5月20日	■第二届社区春季运动会	●	●	●		○		
	6月	□非物质文化遗产月	●				○		○
	10月5日	◆共建和谐社区大型文艺演出 ※2		●		●	●	●	
	10月28日	◇音乐沙龙"爱心歌会《难忘的旋律》"	●			●			
	2007年1月7日	□"激情岁月，样板经典"东方太阳城三期公寓推介暨经典样板戏展演	●				○		○
	5月12日	■第三届社区春季运动会			●	●	○		
	8月3日	◎"关注体质健康"主题讲座	●				○		○
	8月11日	□奥迪车主欢聚太阳城 共度"琴湖仲夏喜乐汇"	●						●
	9月15日	◇"琴湖天籁"大型露天音乐会	●	●	●		○		

续表

阶段	日期	活动	参与者						
			D	S	C	G	R	N	O
回归社区生活	2008年1月11日	◇2008迎新春感恩会暨俄罗斯艺术鉴赏经典芭蕾舞剧《天鹅湖》	●				○		○
	3月29日	◎糖尿病防治讲座	●				○		
	4月12日	◎冠心病防治讲座	●				○		
	4月26日	■第四届社区春季运动会		●	●	●	○	●	○
	6月28日	◎"让运动打开健康之门"讲座	●				○		
	7月13日	◎健康从心开始"关注老年心理卫生"讲座	●				○		
	10月11日	◎庭院植物的选配和栽培专题讲座				●			
	10月19日	◆"喜迎新邻，共赏金秋"东方太阳城社区住户文艺展演	●				●	●	
	10月24日	■社区餐厅厨艺大比拼	●				○		
	12月20日	◇"关爱老人心连心艺术团"慰问演出	●				○		●

注：
<活动>
□组织活动（社区内外）
■组织活动（社区内部）
○聚会（社区内外）
●聚会（社区内部）

◇演出（社区内外）
◆演出（社区内部）
▲展示
◎讲座

<参与者>
D 开发商
S 物业公司
C 俱乐部
G 居民团体

R 居民
N 居委会
O 社区外嘉宾
● 组织者
○ 参与者

※1 社区中心建成后，提供了大量的活动场所。
※2 从此时起，设立了社区居委会，并开始参与到社区的事务中。

3. 专门的老年服务

在D社区逐渐发展出一些专门面向老年人的服务。首先，社区的室内外环境均进行了无障碍设计，并且设有方便老年人辨识的大尺度标志系统。其次，还设置了一些专门面向老年人的服务项目，例如开设了一处老年餐厅，有老年用品商店，可以代管家门钥匙和门禁卡，紧急呼叫系统等。第三，社区还特别发展了一些服务的观念和理念，例如在对老年人的称呼上，物业公司的员工一般称老年居民为"叔叔"、"阿姨"，目的是为了使老年人能感受到仿佛来自自己的晚辈的照顾。这种理念是对于中国传统的支援模式的发展和延续。

4.2.3 社区居委会：导入政府支持

2006年，D社区也设置了社区居委会，这是北京市推行的社区制改革的结果。D社区居委会的成员，像其他大多数的商品房社区一样，不是本社区的居民，而是由上级的镇政府委派下来的。但是，像通常的居民委员会一样，D社区的居委会同样在提供公共服务以及组织社区活动方面发挥着重要的作用。它直接连通了居民和当地政府，把本地的公共服务资源配置到社区。作者于2008年9月调查时发现，大量的社区事务已经开始由社区居委会操作实行。

一方面，大量的公共服务，如办理老年证、老年补助等都可以在居委会办理，方便了居民，尤其是搬迁到郊区来居住的这些老年人。另一方面，居委会还帮助社区活动小组与当地社区沟通加强了它们之间的联系，使原来孤立于周围农村社区的这个新建社区开始融入当地社会。

4.2.4 社区内的机构、组织及相互关系：

1. 商业机构——开发商、物业公司、俱乐部

D社区是由开发商新兴建的商业社区，位于北京郊区，原为河滩地，周围是农村社区和林场，这对该社区有两个方面的影响：

第一，在设立之初，没有一般城市社区中的生活服务设施和公共服务机构，居民生活相关的所有事情，大都要通过物业公司来办。物业公司通常是由房产开发公司成立的下属公司，或者是由其所聘请的专业公司。在D社区中，物业管理公司就是由开发商所成立的下属公司。另外，除了居住之外的所有服务，由开发商下属的D社区俱乐部有限公司负责，经营项目包括酒店、餐饮、会议、疗养、运动、娱乐、老年大学和农庄。这些项目与居住建筑一起，共同分享良好的绿化与景观环境，并且在资金上补充维护环境所需费用。

第二，由于地处农村社区，D社区没有通常城市社区按照社区规模配置的医疗卫生设施、邮政设施、商业服务设施、公共交通等公共服务设施，所有的一切也都必须依靠开发商与政府沟通之后逐步设置。在一期住户入住的时候，有了由开发商建设和管理的超市、餐厅、娱乐等一系列服务设施，有了邮政、银行等公共服务，但是对于老年居民非常关键的医疗设施，则迟至2007年11月才设立。在作者前去调查的过程中，该问题也是居民们意见最大的一个方面。

2. 居民组织

随着入住居民的增加，物业公司出面组织了一系列旨在促进居民交流和参与的社区活动和兴趣小组，比如新年晚会、歌唱班、舞蹈班、体育培训班等。物业公司提供部分场地和经费，个人也需要缴纳一定的场地费。除此之外，也有居民自己发起和组织的兴趣小组。这两种居民组织的发展都非常迅速，实行自我管理。除了达到交流和活动的目的之外，居民组织在促进老年支援体系建设方面也有自己的贡献。一方面，有些组织，比如合唱团的演出水平较高，得到了所在镇政府组织的一些活动的邀请，建立了与本地社区的联系，促进了政府对该社区的了解。另一方面，居民组织成员通过共同的活动培养了彼此之间的感情，在日常生活中互相帮助，共同就社区事务进行协商。因此，居民组织的意义已经超出了单纯共同活动的范围（图4-5）。

3. 政府介入——居委会，公共服务机构

居委会：随着入住人数的增加和社区一段时间的运营，D社区设立了社区居委会，但是与传统社区居委会不同的是，该居委会的工作人员是外来的，在日常生活中不易贴近社区居民，缺乏传统居委会工作人员与社区居民之间的相互了解。

医疗服务机构在所有公共服务中，最受老年居民关注。虽然这是开发商在最初给出的承诺，但是，由于开发商没有能力独自解决这个问题，必须与政府机构

室外活动场地　　　　　老年大学布告栏　　　　　体育馆健身

社区活动　　　　　　　　　　社区大型活动

图 4-5　社区活动

和卫生组织进行足够的磋商与合作才能办到，所以直到 2007 年 11 月，社区医院才正式开始使用。

综上所述，D 社区内与社区老年支援体系有关的各方，主要包括开发商、物业公司和俱乐部，居民组织，社区居委会和医疗服务机构等，各方功能不同，服务范围各有所长。

4.3　居住实态与居民评价

4.3.1　老年居民的基本属性

本节的数据均来自于作者进行的问卷调查，调查对象人数合计 68 人，其中男性 33 人，女性 35 人。下面就年龄、学历、职业、健康状况、家庭结构等方面的统计结果进行分述。

1. 老年居民的个人情况

1）年龄状况

调查结果显示，居住于此的老年人主要是健康的低龄，也就是 75 岁以下的老年人占大部分，85.1% 的调查者年龄小于 75 岁（图 4-6）。

分年龄段分析，65~69 岁年龄段的男女老年人合计人数最多，65~69 岁的女性也是各年龄段中最多的，而男性人数最多的一组是 70~74 岁。65~74 岁年龄段的合计人数占总人数的 47.5%，接近一半，这个年龄段的老年人基本不再工作，孙辈的照料也完成了。

另外，65 岁以下的中老年人数也较多，占总数的 34.4%。这部分人中的

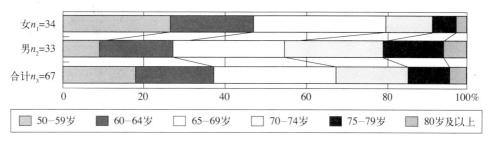

图 4-6　调查对象年龄分布图

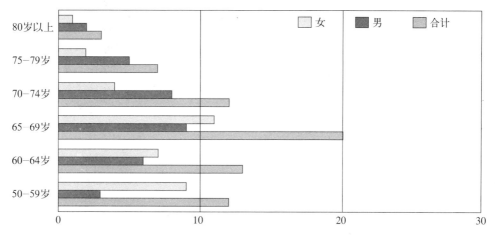

图 4-7　调查对象分年龄段人数（$n=67$）

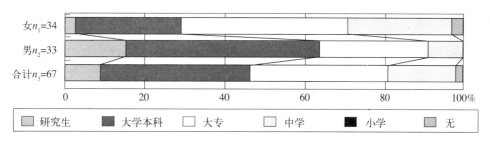

图 4-8　调查对象学历分布

71% 为独生子女的父母，这是 20 世纪 70 年代中后期城市开始实施独生子女政策，较早的一批进入老年退休的父母（图 4-7）。

2）学历状况

调查对象中具有大学本科学历的总人数最多，占总数的 46.3%，具有大专文化的人数居第二位，大专以上学历人数占总人数的 80.6%。开发商的销售对象定位在高知高收入阶层，事实上现在本社区确实是高学历的知识阶层占主体，形成了这个社区较鲜明的特征（图 4-8、图 4-9）。

3）原职业状况

对于退休前的职业的调查，职业为专业技术人员的人数，无论男女，都是人数最多的一类，总数占到了 42.6%，其后依次为公务员和公司职员，两者均占

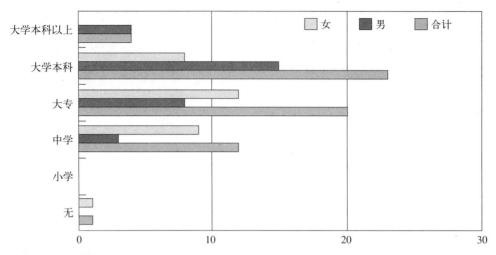

图 4-9 调查对象区分学历人数（n=67）

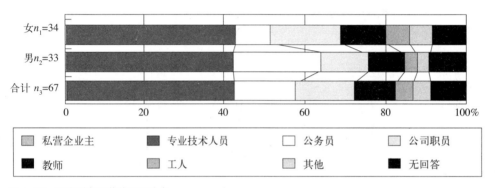

图 4-10 调查对象退休前职业分布

14.7%。区分性别看，男性职业为公务员的人数占第二位，女性职业为公司职员的占第二位（图 4-10）。

4）退休状况

除极少数（占回答数的 3%）的五十多岁的女性现在仍工作外，其他调查对象均已退休。现在的家庭收入来源，被调查者称均靠退休金生活，个别人另外还有返聘费。

近 60% 的调查者已经退休 10 年以上。退休年数在 10~14 年的男性和女性均为最多，其次为退休 5 年以下的老年人（图 4-11）。

5）健康状况

可以利用公共交通出行的人数在各个年龄段都是最多的，可见这种郊外社区公共交通和社区班车的通达是非常重要的。

按照现行的《机动车驾驶证申请和使用规定》，小型汽车的驾照申请年龄上限为 60 岁（2007 年 4 月 1 日起实行的新规定，年龄放宽到 70 岁），因而社区内能驾车出行的人不多，均在 70 岁以下（图 4-12）。

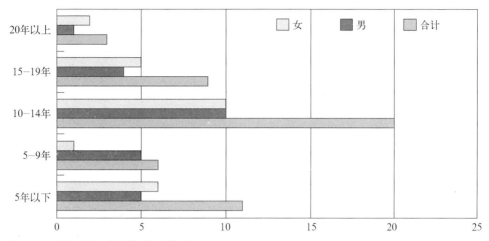

图 4-11　调查对象区分退休时间人数（$n=67$）

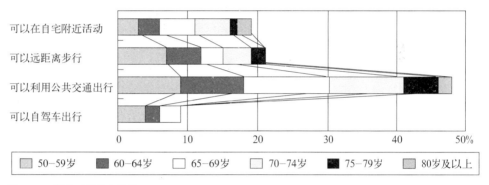

图 4-12　调查对象健康状况

综上，调查显示，中等阶层的老年人构成了 D 社区的居民的主体。

2. 老年居民的家庭结构

1）家庭子女状况

调查显示，两子女家庭户最多，占家庭总数 41%，此类家庭户中女性以 65~69 岁年龄段人数最多，男性以 70~74 岁人数最多。

独生子女户的家庭数量居第二位，占总数的 35%，此类家庭户中 79% 的夫妇年龄在 65 岁以下（图 4-13~ 图 4-15）。

其余的家庭户中，分别为多子女家庭和无子女户家庭，前者约占调查家庭总数的 1/5，在所有调查家庭中，无子女户有 1 户。

2）家庭结构

调查家庭在本社区中的居住形式，结果显示有 68.4% 的家庭属于空巢家庭，即与子女分开居住的独居或夫妇家庭。其中，夫妇户数量最多，占总户数的 64.7%。与子女合居的家庭全部为 1~2 个子女的少子户。单身独居的家庭较少，所调查家庭中只有 1 户（图 4-16）。空巢家庭的比例与迁入本社区之前的相当，即迁入前空巢家庭也接近总数的 2/3。

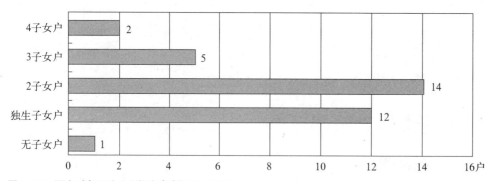

图4-13 调查对象区分子女数家庭户数（$n=34$）

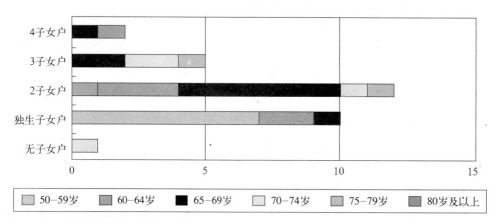

图4-14 女性年龄别的子女状况（$n=30$）

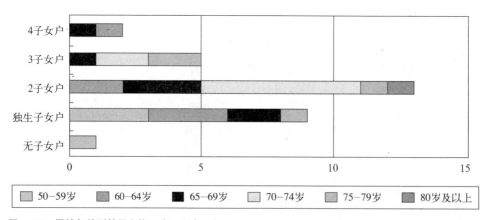

图4-15 男性年龄别的子女状况（$n=30$）

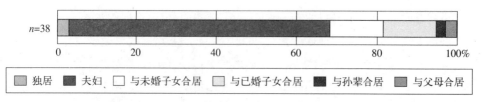

图4-16 在本社区的家庭居住状况（$n=38$）

另外，还有与年幼的孙辈或高龄的父母辈合居的夫妇户，调查发现这两种类型在社区中也是比较典型的，一种是夫妇照顾上幼儿园的孙辈，子女在城里上班，周末回来，另一种是退休的中老年人照顾八九十岁的高龄父母辈，这些父母有的生活已不能自理，这种老年人照顾老年人的现象在全国城乡都越来越多。

关于在京居住工作的子女人数，约一半家庭有1名在京居住的子女，但有13.2%的调查家庭没有子女在北京居住（图4-17）。

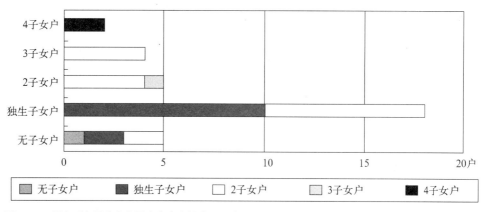

图4-17 调查对象区分在京子女家庭户数（*n*=34）

关于子女来访的频度，数量最多的是每月来访1~2次的家庭，大约占调查家庭的一半。特别需要注意的是，有超过1/5的家庭的子女每年只来访数次（图4-18），而子女来访的最主要原因是家庭团聚，少量帮助购物和扫除（图4-19）。

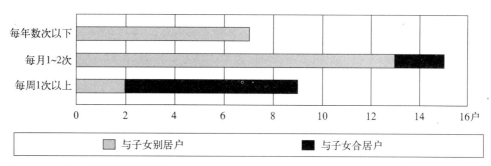

图4-18 区分子女来访频度家庭户数（*n*=30）

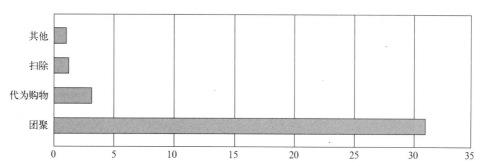

图4-19 区分子女来访原因家庭户数（*n*=36）

3. 家庭迁居状况

在38户调查家庭中，只有4户是从北京以外地区搬迁来的，另外的34户均是从北京城区迁来。在原北京住户中，有88%的家庭在北京的居住年数超过30年，有一半居住时间超过50年（表4-6）。在外地迁来的4户中，迁居的原因有"照顾孙子"、"离孩子近些"和"住儿子家"等（表4-7）。

原北京城区居住家庭（34户） 表4-6

北京市居住年数	人数（人）	比例
50年以上	26	50%
30~49年	19	36.5%
15~29年	7	13.5%
15年以下	0	0%
合计回答人数	52	100%

外地迁入家庭（4户） 表4-7

原居住地	迁居原因	子女	年龄
山东省淄博市	照看孙辈	2	60-64
山西省太原市	离孩子近	1	50-59
天津市	住儿子家	1	60-64
一户不详			

关于在本社区的居住年数，居住2-3年的家庭最多，占70.6%，其余家庭主要是居住了1年多的家庭，个别家庭还未住满1年，也有个别家庭居住了4年以上（图4-20）。

关于调查对象在北京市内的原居住地，回答户数31户，其中3户有2处住宅，共计34处住宅。从图4-21中可以看出，迁入本社区前，调查对象在北京城区的原居住地基本集中在北部和东北部的二环路和三环路附近，计22户，

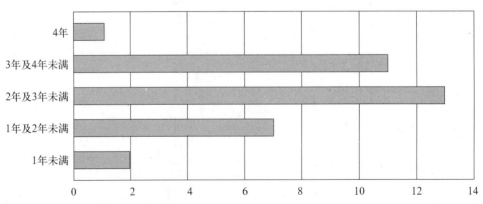

图4-20 本社区居住年数（n=34）

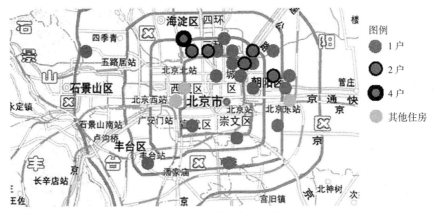

图 4-21　调查对象在北京市内的原居住地位置图（n=31）

占总户数的 71%，与通达本社区的机场高速公路连接快捷，此区域范围内至本社区的车程在 1 小时以内。另外，市内通达小区的唯一的一条公共汽车线路在东直门始发。因此，本社区与原居住地呈现明显的地域上的接近和交通上的便利（图 4-21）。

另一个比较明显的特征是原居住地靠近城市快速干道的户数较多，计 21 户，占总户数的 68%。快速干道附近，由于汽车噪声、尾气污染等，居住环境较差，因此退休后选择搬离至郊外居住的可能性较大。

4.3.2　居住实态

调查发现，D 社区的室外活动非常活跃。3/4 的调查者回答在本社区中度过室外的时间，较迁入前长。根据调查结果，散步是最受欢迎的室外健身活动。其他的休闲活动也丰富多彩，受欢迎的活动还有太极拳、慢跑、钓鱼、下棋、聊天等。开阔的室外空间和优美的绿化环境为老人们的室外活动提供了多种多样的场地（表 4-8）。

为了进一步了解不同年龄的老年人的室外活动特点，作者对一些具有典型性的调查者进行了访谈。按照调查者的年龄分布，区分男性和女性进行了结果的整理，详见表 4-8。表中列出了调查对象的家庭结构等个人和家庭的基本情况，列出了其住宅位置等居住条件，绘出了他们日常的室外活动路线和场所。从表中可以明显看出，低龄的老年人的活动范围在本社区是非常大的，室外活动时间长，例如有的老年人说每天都要到河边走很远，而且和朋友一起散步在社区里非常常见。同时，也可以发现，超过 75 岁的老年人的活动范围明显受到限制。

4.3.3　居住者评价

关于迁居于此的原因，98% 的调查者回答是喜欢这里优美安静的环境，另外，无障碍设计、社区活动、与其他老年人的交流和为老服务也是老人们考虑的重要

不同年龄老年人日常生活状况 表4-8

	项目	60-64岁	65-69岁	70-74岁	75-79岁	80岁及以上
女	编号	035-1	016-1	018-1	012-1	014-1
	学历／原职业 此／前居住历时 外地／原因 收入／退休年	研究生／专业技术人员 1.5年／北京27年 天津市／工作调动 其他／退休5年	大学本科／专业技术人员 2年／北京44年／朝阳区东四环 上海市／大学毕业工作 退休金／退休10年	大学本科／专业技术人员 1年／北京50年／朝阳区东直门外 未填／大学毕业工作 退休金／退休10年	文盲／未填 2年／北京56年／东城区东直门 河北省邯郸县／结婚 未填／退休	大学本科／公司职员 3年／北京54年／海淀区北三环 上海市／工作调动 退休金／退休30年
	家庭构成 子／女／北京 探视 出行	夫妇 1/1/2／每周1次以上／团聚 自驾车	夫妇与女儿合住 0/1/1 公共交通，自宅附近	夫妇 无子女 公共交通	夫妇 3/0/3／每年数次以下／团聚 自宅附近	夫妇 4/0/4／每月1，2次／团聚 公共交通
	此／前居住形态 层／建筑面积 日照／通风 隔声／隔热	独立别墅 4LDK／多层 1-2层／200m²以上／满足 好／好／好／好	单元式公寓 3LDK／多层 3层／151-200m²／满足 好／好／一般／好	单元式公寓 3LDK／多层 3层／100-150m²／满足 好／好／一般／好	公寓 3LDK／高层塔楼 4层／151-200m² 好／好／好／好	单元式公寓 1LDK／多层 3层／100m²以下 好／好／好／未填
	活动路线 内容 △住宅位置 ‖‖‖‖‖ 活动路线 时间＊次数		2h*2		0.5-1h*2	
	项目	60-64岁	65-69岁	70-74岁	75-79岁	80+
男	编号	017-2	025-2	002-2	007-2	032-2
	学历／原职业 此／前居住历时 外地／原因 收入／退休年	大学本科／专业技术人员 0.5年／北京5年／丰台区西南四环 山东省淄博市／照看孙辈 退休金／退休2年	大学本科／专业技术人员 3年／北京68年／东城区东直门 退休金／退休3年	大学本科以上／教师 1年／北京1年／东城区南二环 河北省／保定市 退休金／退休6年	大学本科／专业技术人员 1年／北京54年／东城区东直门※1 与旧居住地两面住 上海市／大学毕业国家分配 退休金，返聘费／退休11年	大学本科／公务员 2.5年／北京58年／朝阳区东四环 陕西省／大学毕业工作 退休金／退休19年
	家族构成 子／女／北京 探视 出行	夫妇与儿子夫妇，孙合居 ※2 2/0/1 公共交通，远距离步行	夫妇 1/1/1／每周1次以上／团聚 自驾车	夫妇与女儿夫妇，孙合居，有保姆照顾小孩※3 0/2/1 公共交通	夫妇 1/1/0／每年数次以下／团聚，其他 公共交通，远距离步行	夫妇 2/0/1 每月2-3次／团聚，代为购物 自宅附近
	此／前居住形态 层／建筑面积 日照／通风 隔声／隔热	连排别墅 4+LDK／高层塔楼 1-3层／200m²以上／满足 好／好／好／差	单元式公寓 2LDK／多层 1层／100-150m²／满足 好／一般／差／一般	公寓 3LDK／高层板楼 3层／151-200m²／满足 好／好／好／好	单元式公寓 4LDK／多层 4层／200m²以上／满足 好／好／好／飞机噪声	单元式公寓 3LDK／多层 100-150m² 好／好／一般／一般
	活动路线 内容 △住宅位置 ‖‖‖‖‖ 活动路线 时间＊次数	2h*1-2		1h*2	1h*2	1.5h*1-2

注：
※1 也回原住宅住。
※2 儿子及儿媳工作日在城里上班，周末回来。
※3 保姆照顾小孩。

< 活动 > C1：聊天．C2：合唱．C3：下棋．C4：计算机课．D：跳舞．F：钓鱼．H：书法．K：风筝．P：摄影．S1：太极拳．S2：游泳

带阴影的调查对象为近期从北京市外迁入。

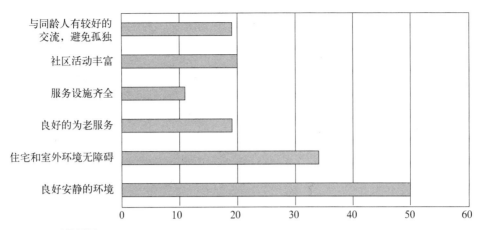

图 4-22　迁居原因

因素（图 4-22）。对于社区中最满意的环境要素的回答，绿化、视野开阔的开敞空间、清新的空气和水景是老年人们首要的几个选择。对于住宅本身，有 80% 的调查者的住宅建筑面积在 100 平方米以上，对此，大多数老人表示满意。对于住宅的物理环境，有 81.6% 的调查者对采光和通风感到满意，而只有半数的调查者对隔声和保温隔热感到满意。

关于未来的居住意愿，有 90% 的调查者选择会继续在此永久居住，但是超过半数的调查者希望社区能有更加有保障和多样化的老年服务来支持他们未来的生活（图 4-24）。

4.3.4　人际网络和个人化支援

调查发现，相当多的老年人是和他们的亲戚、朋友或者同事一起迁居来此的。根据调查结果，这些一起迁居的人群中，大约 1/3 的调查者回答社区中有他们的亲戚，2/3 的回答有同事和朋友（图 4-25）。因而，迁来的老年人也带来了他们熟悉的人际网络，虽然社区处在陌生的郊区。这种情况有利于加快社区感的形成。

在社区服务中，大多数被调查的老年人认为社区的清洁、保安和绿化能够满足他们的要求，而相反，最激烈的反对意见集中于医疗服务的缺乏。另外，调查者还提出了很多改善老年支援的建议，上门医疗服务、家政上门服务和紧急呼救被认为是最需要的（图 4-23）。

对于社区活动，起初，社区活动和兴趣小组的组织基本上都是由开发商进行组织和推进的，但是逐渐地，这些活动开始转由社区的居民自己来组织进行了。有 3/4 的调查者回答他们经常或有时参加社区组织的活动，并且有半数的调查者回答说他们经常或有时会参与组织社区活动（图 4-26）。调查还发现，除了聊天和散步以外，参加各种活动也是最受欢迎的结识新朋友的方式，并且有超过 40% 的回答认为在这里较以前居住的地方更容易进行社会交往（图 4-27）。因此，

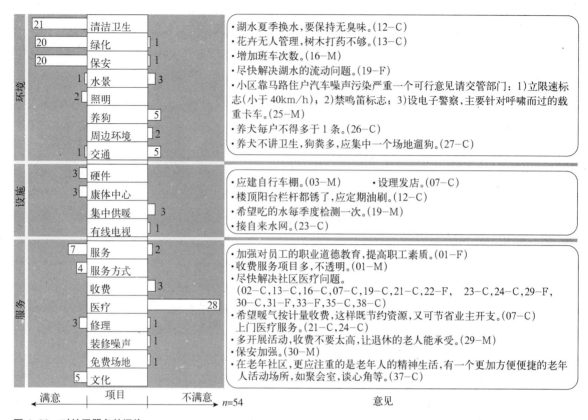

图 4-23 对社区服务的评价

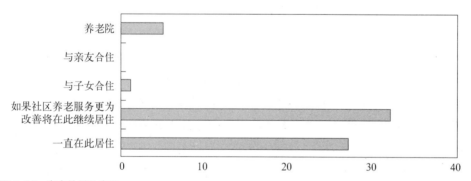

图 4-24 未来的居住意愿

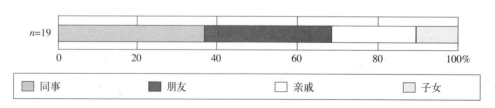

图 4-25 社区内的人际网络

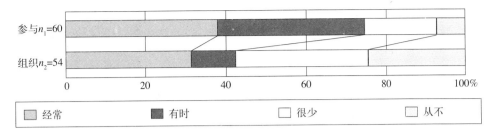

图 4-26　社区活动的参与和组织

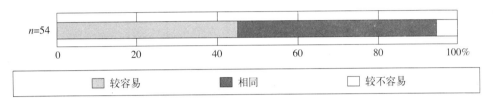

图 4-27　社会交往的变化

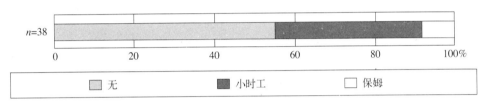

图 4-28　个人支援状况

可以得出，这个社区已经建立起了社区的自我认同感，并培育起了相应的社区文化，虽然它只有短暂的 3~4 年的历史。较为密切的人际网络有利于老年人的精神支持，尤其对于大多数的空巢老人。

同时，调查还发现相当多的家庭依靠保姆和小时工来帮助照顾生活。除了社区提供的服务外，这类的服务主要是由老年人家庭自己去寻找的。目前，雇用保姆的家庭占 7.9%，而每周一次雇用小时工的有 36.8% 的家庭，其他 55.3% 的家庭回答所有的家务均自己料理（图 4-28）。保姆的主要工作是料理家务、照顾小孩和老人；而小时工主要是来帮助打扫卫生，平均每周使用小时工的时间为 3.4 小时。如前所述，有较多的两代老年人家庭，老一代的老年人年龄超过 80 岁，甚至有百岁老人，常常会雇保姆来照顾这样的老人。例如在访问到的一个老年人家庭中，94 岁的老奶奶需坐轮椅行动，她的女儿已 70 多岁，在家中工作，他们雇用了一个年轻的保姆负责老奶奶的日常起居，包括每天的室外活动，老奶奶非常依赖小保姆。因此，在一个较长的时期内，由于中国的较为充足的劳动力供应，保姆仍会是非常重要的老年人照顾者。

4.4 社区老年支援体系的构成及模式分析

4.4.1 多元化的支援主体

D社区的老年支援者是较为多样化的,主要包括开发商和物业服务公司、居委会、保姆和小时工以及个人网络等。前面二者是来自于社区层面的支援,后面二者是老年人的个人支援。从服务费用的角度看,物业公司的服务和保姆的照顾是需付费的服务,而其他两者是公共服务或免费的支援。从其各自的所属性质来看,这四种支援分别代表了市场、政府、个人和社区。他们能够利用各自的资源,诸如物力的、财力的、人力的和社会网络的,由此,形成了一个各自独立而又相互协作的网络联系。整体上,开发商由于提供了大量的人、财、物的支援,而在本社区老年支援中起着主导作用。

4.4.2 支援体系的构成要素

在D社区中,构成社区老年支援体系的主要要素可以归纳为住宅—设施(HF)、服务—管理(SM)环境—交通(ET)以及活动—组织(AP)。其中,HF和ET提供了社区的硬件方面的支援,而SM和AP则主要提供社区软件方面的支援。它们由于从社区内部到周边邻里环境的规模的变化而呈现封闭和开放的差异。在社区中,非常重要的是要使这四个方面的要素能够满足老年人的需要,并能够向周边的临近地区适当扩展,以发展出更为整体的支援体系。在D社区中,由于它是商业开发的住宅项目,所以大多数的服务是以收费服务为基础的,而公共服务、低价服务或者免费的服务所占比例较小。

4.4.3 存在的问题

根据上述的调查和分析,目前D社区的老年支援体系存在的问题如图4-29所示。第一个需要改善的方面是要求能有更加多样化和全方位的老年服务,主要包括上门的服务和养老机构的服务。目前,开发商是最主要的社区服务的提供者,但是有一些专门的老年服务难以提供。因而,需要服务的引入更加开放,吸引更多的社会服务进入社区。

第二个主要的问题是对于公益支援的需求,包括免费或者低收费的活动室、低收费的设施服务、低收费的服务以及其他的公益性的服务。在城区内的传统社区中,很多公益性的服务来自于居委会和志愿者,而这在商品房社区中也同样需要,因为D社区主要是一个老年社区,老年人依靠退休金的生活难以承受高消费。但是两者的侧重点是不同的,前者更多的是关注贫困和困难的老年人的情况,而后者需要更加关注安全和紧急救助。

第三个挑战是对于不同服务供应者之间的合作的要求。例如社区居委会往往能够较好地联系社区内外的各方关系,而且当住宅全部销售完以后,开发商会退出，老年人的支援可能会面临资金短缺的持续性的困难，因为目前开发商对设施运营有每年1万元的补贴，如果开发商退出，持续性的发展可能会受到影响。

4.4.4 未来的改进和建议

根据问卷调查中的开放性的问题，调查者们对于如何改善社区的老年支援提供了很多建设性的改进建议，其中关键性的方面是增强主要服务提供者之间的协作，并加大公共服务的供应。物业服务公司需要努力提高社区管理和服务，增加低收费的服务项目，扩大免费服务的范围，并保持其在设施保障方面的优势。居委会应该更积极地参与到社区的事务中，伴随着来自各级政府的越来越多的资金和政策的支持，提供更为广泛的公共服务。社区组织应该从目前较为单一的娱乐类型扩展到更为广泛的政治、经济和文化的参与，以建立起更为有影响力的社区组织和社区网络。至于个人的支援，老年人们要求能够加强职业培训，扩大家政的服务范围，并能保证雇用到保姆或小时工。通过以上的建议，目标是建立起更为稳定的社区老年支援体系的基础。

还有其他的一些建议集中于能引入开放和社会化的新的老年服务，关键点在于上门服务和多样化的专门的老年服务，包括养老院，这样可以保证能够持续地在社区中一直居住下去。一方面，这需要社会性的服务；另一方面，也需要社区能够开放准入机制，使这些社会化的服务能够进入到社区中。同时，开发商的大力支持在提供或者重建相应设施时是非常重要的。综上所述，调查者的建议集中于建立一个更为系统化的社区老年支援体系，来保证老年人们在社区中的安全、便利、健康和可持续的生活。

4.5 小结

（1）本社区的老年支援体系的服务供应者涉及较多主体，其中，开发商及其物业服务公司发挥着主导作用。同时，居民委员会和社区组织在几年的发展中作用不断增强。社区老年支援体系发展成为由市场、政府、社区和个人共同参与的共同体。

（2）D社区的老年人对于社区的住宅、配套设施及环境等方面的硬件条件普遍较为满意，但是他们对于社区软件的管理和服务提出了较多的意见和要求，包括上门服务和养老院等全方位的老年服务被提出，而且强烈要求扩大福利性的、公益性的服务。

（3）各服务提供者之间的更为广泛的合作是非常重要的，唯此才能整合社区资源为老年人提供有效的支援。更加开放和弹性的管理方式是非常必要的，这样有助于为老年人形成可持续的支援体系，这对于其他的商品房社区以及其他类型的社区都是非常重要的。

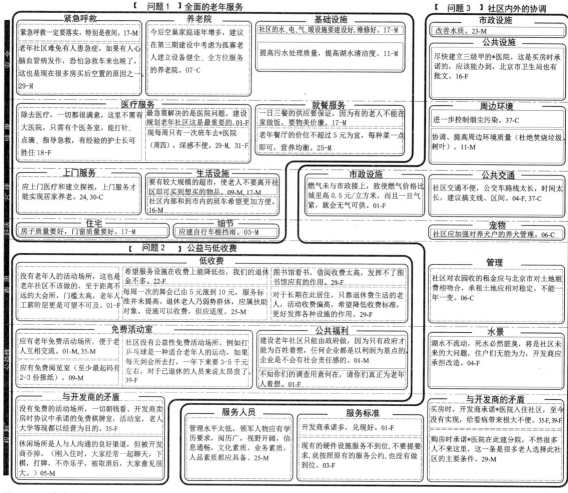

图 4-29 未来改善建设

第 5 章　模式比较分析

5.1　本章的研究目的和方法

在前述的 2、3、4 章中，分别对 3 个不同类型的典型社区中开展的老年支援体系的构建进行了案例研究。调查发现在这 3 个社区中分别发展出了适应于其社区客观条件和老年人群的不同的老年支援体系模式，并呈现出不同的结构及特征。在单位社区 Q 社区中，发展出了由社区居委会主导的社区主导模式；在一个变化的传统社区 N 街道中，发展出了由街道办事处的一个部门领导的较为系统化的政府主导模式；在一个郊区新开发的老年社区 D 社区中，由开发商主导的市场主导模式逐渐形成。

本章的研究目的是在前三个案例研究的基础上，首先比较不同模式在社区老年支援的软硬件环境方面存在的优缺点，并进一步对北京市社区中的老年支援体系的构成进行分析，归纳其基本特征，并探讨构建较为完善有效的社区老年支援体系的途径。

另外，由于本研究的一个研究视角是将社区老年支援视为社区发展或社区规划的一个重要组成部分，最后，本章还试图通过考察社区老年支援体系的发展和特征，透视出在社区发展中社区管理及运营的机制以及不同参与主体的作用和影响。

本章的研究方法主要采用比较研究，数据均来自于前几章的案例调查，具体的、基础的数据，一是来源于实地踏勘调查，二是在实地调查中对老年人的访谈结果。在比较分析中，着重对各案例的内在的成因进行分析，并在比较中总结归纳其中的主要因素和体系的结构。比较研究的内容既包括硬件环境方面的比较，也包括软件的社区组织和管理等方面的比较。

5.2　社区住宅、设施和公共空间的比较

社区层面的硬件方面的环境因素主要包括住宅、配套公建和公共空间等主要方面，本文将其称为社区的生活系统。在 3 个案例中，虽然社区的历史、所有权和管理模式各有不同，但是他们在无障碍环境、便利的日常生活配套、日常健身和活动的设施及场地方面都进行了多方面的努力，形成了一些共同的特点。但 3

个案例在硬件条件的数量和质量方面存在较大的差异。本节，将根据实地调查及对于老年人的访谈结果进行社区生活系统的各个方面的比较。

5.2.1 住宅的比较

Q 社区是单位社区，包括三个单位宿舍区。住宅建设年代早，从 20 世纪 50 年代后期开始修建了几栋低层住宅楼开始，到 80 年代又陆续修建了多层、高层的住宅。住宅的房间数量上，很多老年人家庭需要三室户型，原因是老年夫妇常习惯各居一室，另外一个房间给保姆或者照顾他们的亲属居住。但是，这类单位社区面积标准较低，有的家庭房间数量不足，有少数没有住房而居住在子女家中的老人。另外，还有少数租房住的老人。在居住的楼层上，除非是腿脚不方便，对于三层以下的楼层基本没有问题（图 5-1）。这类老单位社区的一个问题是居住者年龄较为相近，一旦进入老年，老人数量可能会有较大增加，对于社区的老年支援的依赖较大。

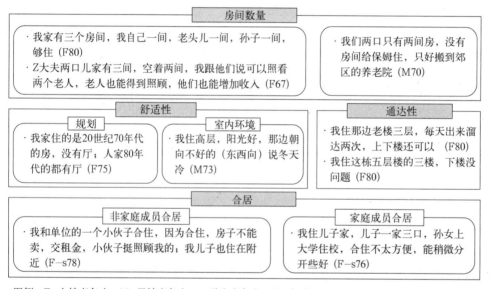

图例：F-女性老年人；M-男性老年人；s-单身老年人；77-年龄

图 5-1 Q 社区老年人对于住宅的意见
（根据实地调查的访谈结果绘制）

N 街道下辖 10 个社区，社区类型多样，社区中的住宅状况差异较大。传统社区中，老年人普遍有住宅产权，但面积标准不高。调查发现，因为有电梯、光照好的原因，老年人对高层住宅评价较好。

D 社区是面向退休老年人开发的商品房社区，住宅从规划设计阶段就考虑了无障碍设计，住宅设置电梯（图 5-2）。与上面两个社区形成对比的是，D 社区住宅的面积较大，老年人没有房间数量不足的抱怨，反而有面积过大、房间空置的意见。

安全性	太大了
我搬到这儿是考虑到安全，原来城里的房子六层楼，没有电梯，老头儿心脏病发作，楼梯太窄，担架没法转弯，抬不下来，太危险了（F68）	我和老头儿两个人住这个楼的四层，上面还带阁楼，我从来不上去，孩子也很少来，房间都空着（F78）
通达性	孤独
虽然有电梯，但是住四楼出去也不方便，没有我原来家好，我原来住一层（F-s78）	住在这儿有点儿孤独，得雇个保姆陪着我一起住，一个人住害怕，挺麻烦的（F-s78）

图例：F-女性老年人；M-男性老年人；s-单身老年人；77-年龄

图 5-2 D 社区老年人对于住宅的意见
（根据实地调查的访谈结果绘制）

5.2.2 设施比较

社区中与老年人生活相关的设施可分为四类，包括医疗服务设施、老年照料服务设施、日常服务设施和娱乐休闲服务设施。本节，根据对某些设施管理者的访谈结果，来考察这些必需设施的特点。

1. 医疗服务设施

社区医疗设施有的是新建的，有的是由原有的各类基本的医疗设施改建而来的，统一由区卫生局批准并监督。每个街道都配置有社区卫生服务中心，社区卫生服务站按照 1.5 万~2 万人配置一处，相当于每 3~5 个社区配置一处。

在 Q 社区和 D 社区，均配置有医疗设施，N 街道的 10 个社区中，共配置了 3 个社区卫生服务站。老年居民对社区卫生服务站比较认可，利用率较高。社区医疗站的主要服务一般有门诊、上门、家庭病床和 24 小时的紧急救护等。另外，社区卫生服务站往往不仅承担医疗服务，还常常承担社区的健康保健等服务，例如 Q 社区卫生服务站的候诊室经常用来举办健康讲座。根据对 Q 社区和 N 街道中的社区卫生服务站主任的访谈，社区卫生服务站在居民的健康管理方面发挥了重要的作用，尤其是对老年居民，常常还有专门针对老年人的服务，例如为 60 岁以上的老年人建立健康档案等（图 5-3）。在实地调查中，老年人对于本社区中配有卫生服务站较为满意。

2. 老年照料服务设施

Q 社区中，在社区居委会的努力下，由街道办事处提供资金，兴办了一所 36 床的养老院。如第 2 章所述，养老院是由社区中原有的一个招待所改建而来的，2005 年年底开始接收老人，到 2008 年，床位满员。作者于 2007 年到社区调查时，养老院共有 20 名老人入住，老人的平均年龄在 80 岁以上。这些老年人中，11 名老人原来就居住在本社区，6 名老人原来居住在邻近的社区，另外有 2 名从其他区迁来，1 名从北京市外迁来，从外区和外地入住进来的老年人均有子女在本社区或邻近社区居住（图 5-4）。由此可见，Q 社区养老院对本社区和邻近社区

功能扩展的需求

· 我们想要扩建现有的卫生站，能有一个3～4床的小住院部来满足社区居民的要求。但是这里没有空地可建。如果设了住院部，那么就能切实地实行24小时医疗服务。目前，夜间值班的医生住在旁边的一个社区。
· 我们这儿上门医疗服务利用率不高。使用率非常高的是到我们的开放咨询台的健康咨询，我们设了一名全科医生负责咨询。
· 我们还负责社区全体居民的健康管理，尤其对于老年人，我们建有健康档案。(Q社区卫生服务站主任)

上门医疗

我们卫生站的几名医生和护士，除了门诊以外，还负责上门出诊。在疾病多发期，出诊需求量大，忙不过来。(N街道DF社区卫生服务站主任)

图例：F-女性老年人；M-男性老年人；s-单身老年人；77-年龄

图 5-3 社区医疗服务的需求
（根据对社区卫生服务站主任的访谈结果绘制）

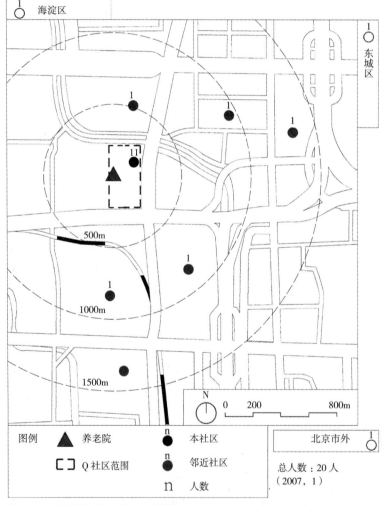

图 5-4 Q 社区养老院入住老人原居住地
（根据Q社区养老院护理员的访谈结果绘制）

的老年照料起到了非常重要的作用。

3. 日常服务设施

三个调查社区由于在城市中的位置不同，日常服务设施的配置状况差别较大。N街道的北侧沿城市干道为城市商业用地，有几个大型商业中心。街道辖区内沿几条主要街道也发展了数量较多的商业设施，其中，中部有若干条街道形成了较为集中的商业街，如回族餐饮集中的街道等，繁荣的商业与其历史上的商业传统是密不可分的，因而N街道的日常服务较为充足便利。调查中发现，很多老年人，单独或者两三个老友在街边的传统老店吃中午饭，店里的饮食价格便宜、味道正宗。

但在同样位于中心城区的Q社区的周边，日常所需的各类商业设施却较为缺乏。原来沿东侧城市干道有大型超市和银行等便利设施，但是随着城市道路拓宽和城市整治，这些商业设施被拆除，改建成了开放绿地，现在沿街只有少量的小型底层商业，业态也较为单一，多为餐饮。由于大型超市距离较远，在社区内部的主要道路一侧，居委会利用边角用地修建了几处临时建筑，出租做小商店，主要是蔬菜店、水果店、主食店和小超市。

D社区位于郊区，所有的设施全部随住宅配套新建。初期入住的居民日常的服务设施条件较差，如一期的菜市场是一个非常简易的大棚子。但是随着住宅区的逐步建成，日常服务设施不断完善，规模不断扩大。目前，社区内有环境较为良好的室内菜市场和一个中型的超市，超市内的日常饮食较为齐全，为老年人提供了一日三餐的便利。

4. 休闲娱乐设施

在三个社区中，对老年人服务的休闲娱乐设施都给予了高度的重视。但在Q社区和N街道的大部分社区中，供老年人休闲娱乐使用的往往只是一间活动室，活动室常常就设在社区居委会办公用房中，有的只是部分时间开放使用。D社区中，休闲娱乐设施和健身设施规模较大，建设标准也较高，但是这些均收费使用。

5.2.3 公共空间比较

1. 活动场地

三个社区的活动场地状况各不相同。在老社区中，老人们常常只能利用房前屋后的院子进行活动和锻炼；在大多数新建社区或者改建的社区中，常常建有社区中心广场和各类不同使用功能的场地，场地条件较好，而且也都很好地得到了利用，用来举办各类社区活动或者是日常的健身锻炼等。

2. 聚会和聊天场所

在调查中可以明显看到，三个社区中都自然地形成了老年人的聚会和聊天场所，每天都有相当数量的老年人聚在一起，而从旁边经过的老年人也会停下来，聊一会儿天。这类场所在社区中起到了非常积极的作用，这类小空间常设有长椅，在老社区里，有的社区还摆了一些旧椅子或旧沙发。社区内邻近通道的、出入方便的、安全的小空间都得到了很好的利用。但是在一些建筑密度高的老社区中，由于多年的建设，公共空间缺乏，常常因陋就简地形成一两处条件简陋的聚会聊天场所。

3. 步行道

调查发现，在城市中心区的社区，由于社区周边的城市道路交通量大，街区的尺度大，受道路阻隔，很多高龄老年人的活动范围只能限制在自宅的周边或社区内部。但是随着社区内私人小汽车的数量越来越多，社区道路存在停车占用的问题，尤其在老社区中，步行道的安全性越来越难保证，这个问题引起大多数老年人的不满。例如Q社区中只有一条主要通道，沿通道有各类生活服务设施及老年人聚会聊天的场所，但是通道上经过的汽车车速很快，空气污染严重，非常危险。

5.3 社区老年支援体系的优缺点比较

从这节开始，将对三个社区中形成并发展起来的社区老年支援体系的各个方面进行比较分析。比较的内容主要包括老年支援体系对各个社区的作用效果、其特点以及结构特征。

5.3.1 社区老年支援体系的作用效果

首先，将3个社区的老年支援体系实施的效果进行了整理，如表5-1所示，将3个社区中对社区和老年人的主要的作用结果进行分类归纳。每一个社区老年支援体系的效果中有明显的、主要的作用结果，它对社区产生了实际的改变。其次，有些作用看似无形，但是它们却提升了社区解决老年支援问题的能力。还有一些作用是通过与社区的实际条件相结合而衍生出来的副产品，它们往往相对独立地发挥着作用。当然，也存在一些有欠缺的或消极的作用，它们当中有些是曾经为社区老年支援体系做过努力，但却没有达到预定目标。

5.3.2 社区老年支援体系的优缺点比较

（1）在Q社区，社区居委会作为所有社区组织和居民兴趣小组的领导者，它对于社区的实际情况有充分的把握，在长年的实际工作中，能够根据不断变化的各种需求针对性地进行调整。也正是由于与社区居民长期保持密切的联系，它才能根据社区的具体条件慢慢摸索出一套较为独特的社区老年支援的模式。但同时，资金缺乏是其最大的制约因素（图5-5）。

（2）在N街道，街道办事处对社区事务具有管理职责和管理权，因而在实施社区老年支援计划时能够进行整体推动，通过部分试点后，很快就可以在整个

联结社区内不同利益相关者：社区老年支援体系的作用效果　　　　　表 5-1

效果	社区老年支援体系		
	Q 社区	N 街道	D 社区
有形的、实际的结果	成立建设协会，下设无围墙敬老院； 把社区内老人以楼门为单位组织起来； 设立社区敬老院，支持持续的社区居住； 为社区内提供服务的单位挂牌，提供活动场所和专门服务	设立居家养老关爱服务中心，设专门的老年协管员； 协管员与社区老龄主任协调工作，沟通街道与社区； 社区根据各自的条件和传统为本社区的老年人提供支援； 建立完善的社区老人档案，建构社区老年支援体系的基础； 困难及独居老人得到政府补贴服务； 引进社区外服务单位提供各种专门服务	提供符合老年生活特性的良好物质环境，住宅持续热销； 成立物业管理公司和俱乐部组织服务供给； 提供公共活动场所与设施； 组织社区活动； 设立居民组织自我管理和作为代表参与社区发展； 设立各类服务设施，如超市、银行、邮局、医院等
无形的、社区能力的改变	形成"无围墙敬老院"概念； 形成社区老年支援网络； 以支援本社区老年人为目标重建了本社区范围的社会网络	在街道范围内形成老年人服务共识； 建立街道居家养老服务网络； 培训家政公司服务员	形成退休社区概念； 构建社区居家养老服务网络； 融入当地社区网络；沟通当地行政网络
副产品	无围墙敬老院概念影响扩大； 成立建设协会，协会会员单位形成定期会议	中间机构作为联系政府与老人的平台，具有示范性； 为老服务为解决社区再就业提供出路	退休社区的概念具有示范性； 探索私有利益参与城市规划的模式
有欠缺的或消极的作用	社区可支配资金缺乏； 社区敬老院的管理部分脱离无围墙敬老院，部分作用受到限制	官方指标体系有时与老年人的实际需求脱节； 行政手段与市场之间需沟通	某些服务承诺未能实施； 利益至上导致与居民承受能力脱节

资料来源：根据访问调查结果整理。

	Q 社区	N 街道	D 社区
优点	• 持续的多样化的照顾 • 根据变化的需求及时应对 • 较全面的设施 • 创新的支援模式 • 向社区开放	• 整体推进和改善 • 动员全体参加 • 福利普及到每位老年人 • 形成组织架构 • 公共服务	• 居住环境安全优美 • 多样化的设施 • 为老年人活动提供支持 • 兴趣小组自主管理 • 服务较密集
问题	• 社区养老院的管理权转移 • 服务设施建设水平较低 • 一定程度上依赖街道	• 补贴对象有限 • 专门机构缺乏独立性 • 一定程度上依靠市场 • 易受政策影响	• 服务收费导致某些居民与社区隔离 • 需要开发商提供运行补贴 • 缺少公益性的设施

图 5-5　三社区老年支援体系优缺点比较

辖区内贯彻执行。形成的专门性机构具有较高的执行效率，可以把提供的一些公共性的服务和福利项目普及到社区的每一位老年人及其家庭中。但由于其培育的机构偏于管理，还需依靠社区内外的服务单位提供具体的服务。另外，这种自主形成的支援模式有时会受到政策的影响，例如北京市的一些统一执行的制度和措施不同程度地影响了自主模式的持续性。

（3）D社区在提供了良好的、安全的居住环境的基础上，还根据社区老年居民占主体的具体情况，发展出了一套较为独特的社区管理和服务模式。它突出表现在提供较高水准的设施和对于社区居民活动提供支持两方面，其效果是使得老年居民能够在全新的社区中很快地建立起新的社会交往网络，并尽快地融入社区的各种生活之中，建立起社区归属感。但是，也有部分居民由于经济等原因较难融入社区，不少居民也提出了对公益性设施的需求。

5.4 社区老年支援的特征

5.4.1 社区老年支援的形成过程比较

在三个案例社区中，每个社区的老年支援都有一个主导者在起作用，分别是社区居委会、街道办事处和开发商（表5-2）。

Q社区中，由于志愿者提供的支援难以保持稳定，另外，本着能够让老年人持续地在社区内居住的理念，社区居委会及其派生出来的NPO组织——社区建设协会，共同培育发展起了比较系统的社区老年支援体系。他们提出了一个特别的概念，即无围墙敬老院，它既包括一个实体的养老院，还包括向社区老年人开放的多样化的服务。

N街道办事处民政科，从其承担的职责和创出成绩出发，在结合广泛调查本社区的现状和学习参考模范实例的基础上，最终提出了本社区系统化的老年支援计划，并设置了专门的执行机构，保障了计划高效率地展开和工作持续地开展。

D社区是商品房社区，开发商通过调查，发现了大城市老龄化带来的新的住房市场，作为较早进入老年住宅市场的开发商，国内几乎没有先例可供参考，从项目的策划之初起，就必须完全依靠自主的调查和运行。最终，退休社区的概念形成了，并贯彻到整个项目实施中。

5.4.2 社区老年支援体系的特征

虽然三个案例的社区老年支援体系形成的缘起和过程各不相同，但是在以下几个方面呈现出相同的特征：首先，每个社区的模式中都有一个主导组织，他们为了掌握社区的实际情况，都进行了深入、广泛的调查，在调查的基础上最终都形成了某个较为清晰的概念，在各自概念的引领下展开各自的计划或措施。因此，社区老年支援体系的特征可以归纳为概念、主导类型、立足社区和重视调查，归纳出的这几个特征可以更好地帮助理解各个社区的老年支援体系是如何发挥作用的（表5-3）。这些特征决定了社区老年支援体系的成功与局限，也显示了解决社区老年问题途径的多样化。

第5章 模式比较分析

表 5-2 三个案例的社区老年支援体系的形成过程比较

	案例1：Q社区 社区居委会	案例2：N街道 街道办事处民政科	案例3：D社区 开发商
动机	**老年人支援传统**："主要依靠志愿者，从八十年代以来，我们已经开展了上门探视、送餐等多种老年人支援活动。" → 派生 → **提升社区能力**："由于我们取得了法人资格，可以从人事方面的事务性工作，另一方面是街头老事会看其他。范围更广泛了。"	**工作方式**："街道低层次干部门都具体的工作，一方面是跟头干部具体的事务性工作，另一方面是街头老事看其他省市的情况。"	**形成竞争优势**：房地产行业经过十几年的发展逐渐成熟，竞争加剧。 **老龄化带来的投资机会**：政府社会保障和高层次有断层；社会养老需求庞大；老年问题市场化解决的尝试。
条件	**具体情况的掌握**："近几年，社区内高龄老人增长较快，空巢家庭也发生过危险的事故，所以居委会的力量已经不够了"；"还为每位老人建立了详细的档案"。 **老年人住宅的利用**："上门护理和其他各种社区护理、老年人都可以继续住在自己的家中，很方便地接受这些服务。" **社区资源的利用**："与社区内所有的服务提供者协作，引导其他门为老年人提供支援；通过长年起的社区关系，我们借到社区内一处闲置建筑物，进行改造利用。"	**契机**："2004年，一个偶然的机会，主管民政工作的领导收到订购的杂志上看到外地的事例，同时也在安排工作中有所感触，发现现社区里老人很多。" **工作对象**："民政工作主要面对和服务的是老人，因为年轻人上班去了，学生上学去了，留在社区的主要是老人，当然还有一些弱势群体，如残疾人等。" **问题点**："养老院床位不足"，"老人观念不一样，有的老人经济条件也不一样，住养老院但是住不起，我们社区内有的老人经济收入比较低。"	**差别化竞争战略**：提供差别化的住宅产品，率先占领细分市场。 **目标人群定位**：健康退休老人 **销售目标**：高收入高知识老年人群；培育老年人互助团体；参与社区管理。
计划	**问题点**："设立敬老院，保证社区内老人能继续住在这里"；"试着改变老年人的观念，使他们接受收费的服务。" **解决途径**：福利设施 → 向社区开放的多功能养老院	**调查**：市外 "外出学习考察"；市内 "参加市、区的研讨会" → **调查**："小范围调查，征求意见"（老龄协会、老年人代表、居委会主任） → "街道居家养老计划"	**调查** 1999-2002 较大规模社会调查 → 美国太阳城中心考察 → 研讨会 → 项目产品定位会议
形成	2005	2005 "街道居家养老计划"	2002 "全新退休社区"

资料来源：根据对三个社区老年支援能体系的主导组织的负责人的访谈结果绘制。

社区老年支援体系的特征比较　　　　　表 5-3

	Q 社区	N 街道	D 社区
概念	无围墙敬老院	联系老年人的平台	老年社区：全新退休生活的领跑者
主导类型	社区主导	政府主导	市场主导
立足社区	联接社区人际网络	设立机构；重建网络	构建社区服务网络；联系政府与当地社区
调查及其作用	日常工作中累积社区状况的第一手资料；掌握老人生活的真实状况与需求，社区单位的真实情况，有针对性地提出计划并实施	基础调查提供信息库；基于信息库的计划制定—调整—实施	前期项目调查：研究与策划定位；售后使用中的调查：反馈与对策调整

在这几个特征之中，概念隐含着各个社区的老年支援方式，也反映了其主导者的策略，这些概念很大程度上能够解释主导者的效力。在各个社区老年支援体系的各相关主体中，主导权有时是合作执行，有时是分散的，虽然如此，但是每个体系中都有一个较为明确的主导者。各个体系的形成均立足于对各社区进行的调查或者长期的社区工作积累，其各自的模式也均是立足于社区的条件、各自独特的传统及社区居民的实际需求。最后，三个社区均对社区居民进行了广泛的调查，并建有档案，与社区居民保持较为密切的互动关系。

5.5 社区老年支援体系的结构

5.5.1 管理模式的比较

在三个案例社区中，通过各自主导者的监督，均逐渐发展出各自的管理模式，支持着整个体系的运转和执行（图 5-6~图 5-8）。

1. 案例 1：Q 社区老年支援体系的管理模式

Q 社区由传统的社区组织——社区居委会中发展出新型的社区组织——社区建设协会，这是北京市第一个社区层面的 NPO 组织，它联合起社区内所有的企事业单位和各种服务提供者，在为社区老年人提供支援的目标下，联合形成一个整体。建设协会成立之初的直接目的是为了取得开办社区养老院的法人资格，因为居委会是居民自治组织，不具有法人资格，没有权利开办经营性实体。建设协会由居委会牵头成立，初期的联系并没有形成制度性的联系，一年一次协会例会，但是，逐渐地，经过中心机构——无围墙敬老院的工作，与老年人服务相关的成员单位进行了"居家养老定点单位"挂牌，将社区的老年支援扩展开来，成为社区服务主体的一种自觉，也就是在社区范围内形成一种安心的养老环境（图 5-6）。

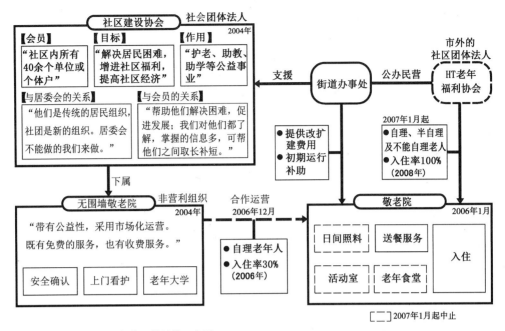

图 5-6　Q 社区老年支援体系的结构示意图
（根据访谈结果整理绘制）

2. 案例 2：N 街道老年支援体系的管理模式

政府推进最有利的方面包括体制的建设，从 N 街道的社区老年支援体系的建构和推进来看，由政府部分主导的专门机构设立，并以其为核心由上而下地推进，是非常行之有效的一种模式。像老年支援这类公益事业，没有政府的投入是不可能顺利进行的。

但同时，N 街道这种受行政影响较大的社区，其管理模式随政府的政策导向变化明显，其优势的一面在于能迅速地执行政府决策，并能有效地得到政府的资金等补助，但是不足之处是由于影响明显，易受政府的政策变化的影响，因而常引起管理上的变化，在持续性上处于不断地调整中（图 5-7）。

3. 案例 3：D 社区老年支援体系的管理模式

商品房社区的管理和服务以物业公司为主导。D 社区同样也是以物业公司为服务主体，负责清洁、保安和绿化等日常的社区维护管理。但同时也针对社区居民的特点设立了社区部和俱乐部，负责更细致的与居民的联系互动、组织居民文体休闲活动以及管理文体设施（图 5-8）。

社会学的一些研究对于物业公司与业主的冲突作了一定的研究，在作者调查的 D 社区中，居民普遍认可这种管理和服务。从物业公司每年度的服务满意度调查结果看，90% 以上的居民是满意的，而且从物业公司的负责人员的访问中得知，住户缴纳物业费比例为 100%，她认为这是住户对于他们公司服务认可的一个标志，而且对于住户的访问，很多老人也表示对服务是比较满意的。

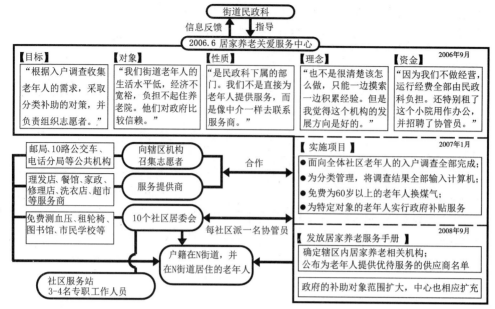

图 5-7 N 街道老年支援体系的结构示意图
（根据访谈结果整理绘制）

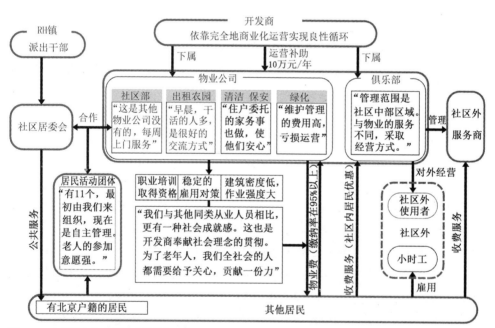

图 5-8 D 社区老年支援体系的结构示意图
（根据访谈结果整理绘制）

5.5.2 社区老年支援体系的网络结构

从三个案例的社区老年支援体系的管理运营模式看，虽然各模式均有一个主导者起着核心的作用，但他们同时都与社区其他类型的相关支援主体保持协作关

案例1：Q 社区

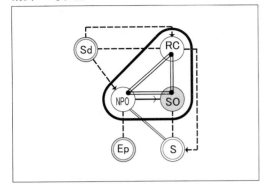

案例2：N 街道

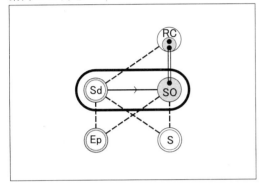

案例3：D 社区

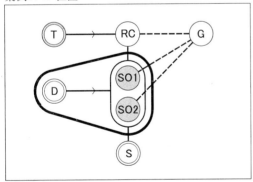

图例

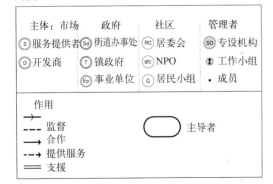

图 5-9 社区老年支援体系结构

系，取长补短，共同构筑起服务内容和服务对象更加广泛的支援网络（图 5-9）。

三个案例中，Q 社区经由协会的定期会议等方式，社区内各种主体有了相互联络的一个通道，而且经由主体组织——在社区内服务工作一二十年的居委会干部的中介作用，建设协会的社区经济、就业等功能显现出来。北京市的社区居委会发育较完善，其积累的社会资本是非常丰富的，社区的养老院的建设过程同样体现了传统的社区组织——居委会的社会资本的力量。因而 Q 社区的老年支援体系紧紧依靠社区居委会和建设协会以及其设立的专门机构结成的核心，与上级的街道办事处和其他社会组织结成了协作关系。

N 街道是由街道办事处的部门及其下设的专门机构为核心，但其支援体系的推进很大程度上依靠与社区居委会的合作，而且社区内的服务提供者的组织，也是建立在密切与社区内的公共事业单位和各类服务商合作的基础上的。

D 社区是以开发商及物业公司形成的管理服务核心，但同时也与其地区的上级行政管理部门以及居民自主形成的兴趣小组等协同合作。

5.6 小结

通过对三个社区的调查，发现北京市社区老年支援体系主要的作用主体分别为社区、政府和市场，它们对于不同的社区发挥着不同的作用，同时，三方面的主体也日益展开合作，形成支援网络。具体结论如下：

（1）北京市的社区管理受国家政策和社会变迁的影响较大，因而在社区服务和管理的模式运作上不能脱离社区的历史文化特点和现实特点。较为成功的模式大都是能很好地结合其实际并进行创新。

（2）社区民间团体发展成为一种新的社区管理和服务力量。社区的民间组织既包括传统的居委会，也有社区内自发成立的新出现的公益性的社会团体，还有社区外的公益性社会团体进驻到社区中，都成为了社区内重要的服务主体，且由于其发展是基于社区自身自觉形成的，因而在运行上有着较为稳定的特征，但同时他们在资金方面上的困难较大，且多与政府保持较为紧密的关系，因而在较长时期内会受到政府的影响，但是这种社区内部自生的组织，与社区居民保持高度的联系，能全时段地接收居民的需求，最为快捷地回应社区的需求，而且在处理具体的社区事务上，由于其地缘的权威性，常能收到较好的效果。

（3）商品房社区的服务和管理的主体主要是物业服务公司，但为应对社区大量的老年居民，物业公司也提出了相应的对策，并取得了较好的效果。

第6章 结 论

6.1 结论

（1）北京社区老年支援体系呈现多元化的构建和发展。以本研究的三个案例调查来看，其模式虽不同，但是均是为应对社区及居住的老年人的经济、社会、文化条件和状况，逐步培育形成的较具效果的社区老年支援体系。它们在一定程度上具有一些共同点，在社区组织管理的软件方面，三个案例的社区老年支援体系均构建了相对系统化的体系框架，其要素包括主导者、专门的管理组织以及提供适应性的支援内容。在社区环境的硬件方面，三个案例均建设了相应的服务设施，并营建和改善了社区的公共空间，为社区老年人的活动提供了必要的场所。但是三个案例在老年支援的内容和服务标准方面存在较大差异。

（2）三个社区的老年支援体系的建构过程中，社区、政府、市场三个主要支援主体的协同合作至关重要。虽然三个案例由于社区历史的不同，在社区老年支援体系的建构上，分别走出了社区主导、政府主导和市场主导的不同模式道路，但是任何一个案例都是依靠主导者与社区内外的其他支援主体之间的协作共同构建的。因为三个主体的支援内容和领域各有所长，也各有所短，只有共同搭建起协作网络，才能解决社区和老年人的复杂课题。

（3）通过对三个案例进行比较分析得出，由社区组织、社区老年人团体等培育的社区支援主要依靠社区内部的力量，由于其与社区居民和老年人的密切联系，其培育的老年支援内容较具弹性和效能，而其他的外部支援主体日益寻求与社区支援主体的合作。

（4）同时，通过这三个案例可以看出，社区老年支援是一种具有较高公益性的服务，大多数老年人希望社区能提供免费的或者费用低的设施和服务。但是社区资源非常有限，尤其是在用地紧张的北京等大城市中，社区老年支援体系需要充分挖掘和整合社区范围内的各类资源，利用各方可能的力量完善公益性的社区老年支援体系的建构。

6.2 研究展望

本研究是以社区的老年支援为切入点，意图逐步展开对于各年龄层人群的社区整体支援体系建构的研究。通过实地调查和案例分析，厘清了在社区老年支援体系中的几方重要的支援主体，尤其是城市最基层的构成单元中的社区组织所做的努力，这是我国自上而下的城市规划与建设以及近十几年来的房地产开发建设两大主要城市建设力量之外的来自于民间的力量，是自下而上慢慢孕育的不断生发的力量。

在城市的大开发大建设之后，保留的、改造的、新建的等各类城市居住社区未来的维护、管理、运转和发展是一个庞大的课题。本研究采取典型案例研究和分析的方法，是对城市社区研究的初步的探索。

由于北京社区类型复杂，以三个案例难以概括城市社区的全貌，因而需要今后的研究进一步选择典型的社区进行调查研究，尽可能多地弄清各类社区的居住支援状况，尤其是对城市边缘区、郊区、新开发地区、农村等社区居住支援问题可能较多的社区类型进行研究，把城市发展出现的新问题和原有社区存在的老问题结合起来考察，总结出适合社区具体情况的社区老年人，或者是其他类别人群的支援体系的架构方式。

附录1 中国老年政策法规与大事记

中国老年政策法规　　　　　　　　　　　　　　　　　　　表 FL-1

时间	背景	政策及法规	老年政策相关内容	发布部门	备注
1949.10	中华人民共和国成立				
1950s			城市：对无劳动能力，无生活来源，无赡养人和抚养人的，或其赡养人、抚养人确无赡养能力、抚养能力的老年人，由当地政府给予救助，或建立社会福利院集中供养； 农村：对无劳动能力，无生活来源，无依无靠的老年人，实行保吃、保穿、保住、保医、保葬的"五保"制度，或分散供养，或入住乡镇敬老院集中收养	政府	老年社会救助制度的建立，保障其基本生活
		一系列政策法规	城市：建立公费医疗预防制度和劳动保险医疗制度 农村：实行合作医疗制度	政府	保障包括老年人在内的劳动者的基本医疗需求
1950.04		《中华人民共和国婚姻法》			
1951	社会主义民主改造	《劳动保险条例》	规定达到一定年龄可以退休，并发给一定工资比例的退休金	政务院	退休制度的建立
1954.09		《中华人民共和国宪法》	明确规定："中华人民共和国公民在年老，疾病或者丧失劳动能力的情况下，有从国家和社会获得物质帮助的权利。国家发展为公民享受这些权利所需的社会保险，社会救济和医疗事业。"		新中国成立后，我国人口属年轻型，老年人工作长期由劳动，人事，民政，工会，组织等部门分别管理，尚未独立出来，但党和政府始终关注老年人问题
1958		《关于工人，职工退休处理的暂行规定》	在全国范围内对企业、机关和事业单位实行了统一的退休制度和退休金标准	国务院	标志我国城镇社会养老保障体系基本建立
1979		《中华人民共和国刑法》			
1983.04	1982年，联合国召开第一次世界老龄大会	中国老龄问题全国委员会成立	委员会由21个部委的领导同志担任委员。其性质是"由有关部门和群众团体，科研机构组成的社会团体"；任务是"对老龄问题的一些重大问题进行调查研究，综合规划，组织协调，督促检查，参加有关老龄问题的国际性和地区性的专业会议，开展多边或双边的技术援助和技术合作等对外活动。"	国务院	是我国老龄事业发展的一个重要转折点，从此开始了有组织、有领导、有计划的老龄工作

续表

时间	背景	政策及法规	老年政策相关内容	发布部门	备注
1984		第一次全国老龄工作会议在北京召开	指出：老龄问题是直接关系到我国社会经济发展的战略问题，"我党的各级领导，各级政府乃至全社会，都要重视关心老年事业"。根据中国经济发展水平和历史文化传统的实际，提出解决老年人问题，保障老年人各项权益的长期奋斗目标："老有所养，老有所医，老有所为，老有所学，老有所乐"。	参加会议的有28个省、市、自治区和国务院有关部门、科研机构、群众团体从事老龄工作的负责同志	
1985.10		《中华人民共和国继承法》			
1986.04		《中华人民共和国民法通则》			
1994		《中国老龄工作七年发展纲要（1994-2000年）》	是我国第一个老龄事业发展计划纲要，标志着老龄事业发展开始纳入社会经济发展规划，对于老龄事业的健康发展具有重要的指导意义		
1995.01		《中华人民共和国劳动法》			
1996		《中华人民共和国老年人权益保障法》	是我国第一部保障老年人权益的基本法律，为依法推进老龄事业的发展和维护老年人的合法权益提供重要的法律依据		
1999.10	国际老年人年，中国进入老龄化国家	中国老龄工作委员会成立	是老龄工作的高层议事协调机构，统一领导，协调中国老龄事业的发展，形成了处理老龄问题的成熟的国家协调机制，委员会由民政、劳动、教育、司法、财政、人事、文化等24个部门组成，由国务院副总理担任委员会主任	国务院	
2000.08		《中共中央，国务院关于加强老龄工作的决定》	是第一个以中共中央，国务院名义下发的关于老龄工作的决议		
2000.08		国务院召开全国老龄工作会议	新中国成立以来第一次由国务院召开的专门研究部署老龄工作的会议		全国许多地方以党委和政府名义召开地方老龄会议，老龄工作列入了各级党和政府的重要工作日程
2001.07		《中国老龄事业发展"十五"计划纲要》（1994-2000年）	提出了"十五"期间改善老年人经济供养，医疗保健，照料服务，精神文化生活和维护老年人合法权益的具体奋斗目标，要求贯彻中央《决定》,全面落实"六个老有"，提高老年人口的生活质量	国务院	

续表

时间	背景	政策及法规	老年政策相关内容	发布部门	备注
2002.02		全国老龄工作委员会第四次全体会议	提出了"党政主导,社会参与,全民关怀"的老龄工作方针		这是对20多年老龄工作经验的总结,确定了新世纪推动老龄工作的新机制,对新形势下加强老龄工作具有重大的现实意义
2003.05		在全国开展创建老龄工作先进县(市,区)活动	这是全国老龄工作委员会成立以来的重大举措,对于整体推动基层的老龄工作具有重要意义		

资料来源:柏宏军.老年政策法规咨询手册.北京:华龄出版社,2005:73.

1978年后的老年政策法规　　　　　　　　　　　　　　　　　　　　表FL-2

时间	政策及法规
1978.06.02	《国务院关于安置老弱病残干部的暂行办法》
1978.06.02	《国务院关于工人退休,退职的暂行办法》
1979.09.01	卫生部,财政部,国家劳动总局《关于集体卫生人员实行退休,退职有关问题的通知》
1980.10.07	《国务院关于老干部离职休养的暂行规定》
1981 国发[1981]164号	《国务院关于严格执行工人退休退职暂行办法的通知》
1981.10.13	国务院,中央军委《关于军队干部退休的暂行规定》
1982.04.10	《国务院关于老干部离职休养制度的几项规定》
1982	《贯彻国务院关于老干部离职休养规定中具体问题的处理意见》
1982.09.27	《关于确定建国前干部参加革命工作时间的规定》
1984.05.25	教育部关于高等学校贯彻执行《国务院关于高级专家离休退休若干问题的暂行规定》的实施意见
1987.09.10	《总政治部,国家科委,民政部,财政部关于军队高级专家离休退休若干问题的通知》
1991.07.05	《国务院办公厅关于杰出高级专家暂缓离退休审批问题的通知》
1993.08.27	民政部,原国家计委,国家体改委,国家教委,财政部,人事部,劳动部,建设部,卫生部,国家体委,国家计生委,中国人民银行,国家税务总局,中国老龄委《关于加快发展社区服务业的意见》
1994.01.23	《农村五保供养工作条例》
1995.06.20	国务院办公厅转发民政部《关于进一步做好农村社会养老保险工作的意见》的通知
1996.10.23	司法部,民政部《关于保障老年人合法权益,做好老年人法律援助工作的通知》
1997.07.16	《国务院关于建立统一的企业职工基本养老保险制度的决定》
1998.03.11	《国务院办公厅关于加强优抚工作的通知》
1998.08.06	《国务院关于实行企业职工基本养老保险省级统筹和行业统筹移交地方管理有关问题的通知》
1998.12.14	《国务院关于建立城镇职工基本医疗保险制度的决定》
1999.02.03	《国务院办公厅关于进一步做好国有企业下岗职工基本生活保障和企业离退休人员养老金发放工作有关问题的通知》
1999.03.09	《劳动和社会保障部关于制止和纠正违反国家规定办理企业职工提前退休有关问题的通知》

续表

时间	政策及法规
1999.05.14	建设部,民政部关于发布行业标准《老年人建筑设计规范》的通知
1999.08.02	《关于做好提高三条社会保障线水平等有关工作的意见》
1999.09.28	《城市居民最低生活保障条例》
1999.10.01	《老年人建筑设计规范》
1999.12.30	《社会福利机构管理暂行办法》
2000.02.03	《国务院办公厅关于继续做好确保国有企业下岗职工基本生活和企业离退休人员养老金发放工作的通知》
2000.02.21	《国务院办公厅转发国务院体改办等部门关于城镇医药卫生体制改革的指导意见的通知》
2000.02.27	《国务院办公厅转发民政部等部门关于加快实现社会福利社会化的意见的通知》
2000.02.28	《总后勤部关于移交政府安置的军队离退休干部住房保障改革实施办法》
2000.04.18	《劳动和社会保障部关于加快实行养老金社会化发放的通知》
2000.05.28	《国务院关于切实做好企业离退休人员基本养老金按时足额发放和国有企业下岗职工基本生活保障工作的通知》
2001.02.08	人事部,财政部《关于增加机关,事业单位离退休人员离退休费的实施方案》
2001.02.08	人事部,财政部《关于实施艰苦边远地区津贴的方案》
2001.02.20	国务院办公厅转发人事部,财政部《关于调整机关事业单位工作人员工资和增加离退休人员离退休费四个实施方案的通知》
2001.05.24	《国务院办公厅转发国务院体改办等部门关于农村卫生改革与发展的指导意见的通知》
2001.11.12	《国务院办公厅关于进一步加强城市居民最低生活保障工作的通知》

资料来源:柏宏军.老年政策法规咨询手册.北京:华龄出版社,2005:159-312.

附录2 Q社区调查访谈录

1. Q社区"无围墙敬老院"、建设协会W主任访谈

时间：2007年1月

【无围墙敬老院成立的经过】

先要从老年食堂说起。80年代，社区没有老龄化的问题，社区总共很少的几个老人，我们居委会几个人很容易地就能照顾到了。

但是到90年代，社区老人逐渐增多，我们发现中午就餐困难，居委会的几个人自己去买菜，做饭，把老年饭桌开办起来了，位置就在这里。

后来，老人越来越多，我们联系了社区内的单位，工商学院的职工食堂，由他们食堂接着办老年饭桌。

再后来，食堂经过了几次变动。我们注意到随着社区老龄化的不断严重，老人除了就餐以外，还有很多其他的需求，这样就萌发了兴建养老院的计划。

开始，我们把养老院选在前面两栋楼之间的平房，挺好的，面积较大，但是两个楼的居民不愿意，觉得养老院可能会有老人去世在里面什么的，他们反应也挺强烈的，后来把那个平房给拆除了。

没有办法，只好找别的地方，原来，电机办有个招待所，平房，效益不好，已经废弃，我们看这个地方挺合适，就去一趟趟找他们，说明要办什么事情，他们的负责人看是我，又听取了养老院的计划，认同这种为本社区老人服务的理念，很支持，就出租给我们。这才能有现在的养老院。

然后宣武区（今合并为西城区）投资，投资了两三百万进行改扩建，是由清华大学专门研究老年问题的教授设计的。同时，养老院的餐厅又重新向社区老人开放，老年餐厅又开办起来了。这个养老院是无围墙敬老院的一个组成部分，一方面为老人提供住所，另一方面作为一个养老服务的基地，为社区老人提供服务。

【养老院改变经营者】

养老院现在由专门经营养老院的专业组织天津鹤童来接手经营，这很好，首先原来的养老院的经营者没有专门的老年护理人员，不敢接收不能自理的老人，只接收能自理老人，就使得最需要社会照料的这些不能自理老人反而住不到养老院，而原来的养老院的入住率也一直不高。

另外，原来的经营者的思路还是过去的政府包办。开始区、街道给了10万元的启动资金，但是入住率不高，区里每个月要补贴3~4万元的房租等费用，而鹤童，与区里签了合同，首先不用区里再补贴，几年以后还可以给区里上缴。

【无围墙敬老院的理念】

有养老院，依托社区原有的服务设施，整合社区资源：生活服务（邮政、菜店、水果店、食品店），医疗服务（社区卫生站），法律服务（法律咨询站），文化娱乐（老年大学），共四大系统。

2.Q 社区"无围墙养老院"、建设协会秘书长 H 主任访谈

【关于建设协会】

Q 社区建设协会是北京市最早的社区层次的社会团体之一。Q 社区建设协会是由社区范围之内的 40 几个服务点，如饭馆、家政公司，直到修车摊点等，组织到一起，为社区提供更为全面的服务。以前，虽然有这么个协会，成立于 2004 年，但是互相之间的联系并不多，但是从今年的一些事情的处理上来看，在社区范围内，这种团体还是能发挥一定的作用。

我们居委会有什么啊，就是在社区跟各方面的关系都比较好。举例来说，大门口的法律咨询亭，是一位退休的法律专业人士开设的，把他联合进来为社区的老年人提供法律服务，但是由于环境整治，原来的小平房要拆掉，怎么办，我们给联系到大门的另一侧的铁皮房子里，搬铁皮房子我们去找了人，但是搬的过程中不小心把社区的一位居民的脚轧伤了，医疗费由谁来出，建设协会几个人为这 1400 元钱，找了单位各出 500，W 主任出 200，我们每人出 100。

另一个例子，因为对社区居民情况的熟悉，帮助建设协会的成员之一，给社区附近的一家网吧找到了理想的财会人员，还帮助办理了营业执照，帮助他们开张了。老板非常感谢，在社区里的一家饭店答谢，大家都表示对建设协会非常赞成，希望以后大家多多联系，建设协会多开会联络。

附录3 N街道调查访谈录

N街办事处民政科F科长

【计划的提出、发展、实施与效果】

入户摸底调查现在已经完成了。老龄化现在在国家是个重点。新建的养老院是全区的敬老院,名称是X区民族敬老院。

2004年,一个偶然的机会,主管民政工作的领导在订阅的杂志上看到某地的事例,同时也是在实际工作中的感触,发现现在的老人很多。

街道各部门的工作,一方面是低头干具体的事务性工作,另一方面是抬头多看其他省市的情况。这个计划的构想就是主管我们民政工作的领导在这两方面的基础上形成的。

社区人群基本上可分为三种人:老年人,中年人和在校的学生。

而民政工作大部分面对的、服务的是老年人,因为中年人上班去了,学生上学去了,留在社区中的主要是老年人,当然还有一些弱势群体,如残疾人等。

促进民族团结进步,各部门都做了不少工作,街道各部门都努力寻求在自己的管辖范围之内为老人服务,举个例子,一些小事,城建科:N街东里住宅楼的防火通道的楼梯扶手,老年人为方便常从此出入,原来只有1米多高的矮墙,没有扶手,老人觉得不方便,要求街道给安装扶手,城建科就出资及时安装了铁的扶手。

从民政工作看,现在N街老年人占到人口总比例的15%,而X区的老龄化比例还要高,大约在20%。

按民政的空巢老人的定义(即1个老人独自生活;2个老人;2个老人带1个不满14周岁的孩子一起居住;老人和子女不居住在同一栋楼),现在空巢老人占到老人比例的13%。有8000多人。

现在报纸媒体也总反映,说老人在家生病或者去世没人知道,而且现在年轻人的工作压力比较大,也没有时间照顾老年人,不少地方提出了居家养老。

我们外出进行了学习考察。那么,在2005年首先作了小范围的调查,就是向老龄协会、老年人代表、居委会主任,征求意见,问老年人在家养老的方式需求大不大。

通过调查,也参加区里、市里的研讨会,大家一致认为,如果老人都住养老院的话,床位根本不够。但是,全市敬老院还出现了一个怪圈,城区的敬老院床位也有空床,但空床比较少,郊区的敬老院空床很多,这其中的原因是中国人观念不一样,经济条件也不一样,有的老年人也不是不想住养老院,是住不起。我们老城区的老人经济收入比较低。

城区的敬老院一般在每月800~900元。郊区的敬老院，最低收费为每月600元，管吃住，但是还得是身体比较好，生活能够自理，能自己遛弯，自己就餐，自己穿衣服。

> **宣武，把养老院搬进老人家**
> 北京日报，2006年9月5日，星期二，12版（区县新闻）
>
> 现在N街地区60岁以上老年人有8565人，占街道人口的15.44%，其中80岁以上老人有1287人，空巢老人占到1027人。特困老人，百岁老人，为国家做出特殊贡献的老人共50人。

我们街道现经营的养老院有两所：一是菜市口利用原来煤炭公司的闲置用房改建的敬老院，相对便宜，800元起步。二是我们街道的敬老院，相对比较贵，900元起步。

领导带领外出学习了一下，回来之后，征求了方方面面的意见，开始制作我们的方案，我们的街道怎么推进居家养老的方案，当时想法也很多，反复论证，一直到2005年下半年，基本理清了我们的思路：①首先成立了居家养老关爱中心，也就是在社区服务中心的社区服务部下面建立了一个中心，街道也成立了相应的领导小组，我们感觉到居家养老是一个综合性的事业，不是单一一个部门能够承担的，因而就把我们的社区中心、回民医院（它是我们的地区医院）、派出所、司法所、社保所，还有社区居委会等相关部门纳进来了。按照北京市的意见，为老人提供这些服务，把相关部门纳进来。②建立中心后，面向社会招聘了10名下岗失业人员，她们专职从事居家养老工作，不是去干活，去给老人洗衣服、做饭，而是搭建一个平台。

我们街道的整体的思路是以社区为依托，以机构养老为补充建设一个体系，加快居家养老的建设，这样等于是三方面：居家养老、社区和机构养老，作为整个推进居家养老的一个思路。光指着居家养老也不可能。

这10个人是一岗双责，从事居家养老，同时从事志愿者。10个人到位之后，进行了培训，也到汽南，德胜去看看，学习学习。

【社区老年调查】

我们调查的目的主要有两个，一个是老人的基本状况、身体状况、收入状况、居住状况。二是老人的需求，入户摸底调查超过1000多户，将近2000名老人，主要是东里、西里两个社区。部分调查结果：收入不是很高，1000元以上的占60%；退休金1000元以下的35%；无收入的，享受低保的比例也很高。

空巢的占到34%，东里、西里因为是拆迁，父母和子女基本不住在一起，造成空巢。老人在保姆、小时工方面有需求。也有一部分老人也愿意住敬老院，不给子女添麻烦，将来年纪大了以后，费用自己和子女分担。同时感觉，老年人也有很多需求。

我们对60岁以上的老年人都进行了调查，身体状况：87%的老年人身体还可以，能够自理；10%多的老年人身体确实不行，需要子女的照顾。

主要是生活上的需求，感觉现在社区服务业不好办，需要志愿者服务和专业养老相结合，居家养老和机构养老相结合。

附录4　D社区问卷调查表

一、基本情况

1. 性别：①男　②女
2. 年龄：①50~59岁　②60~64岁　③65~69岁　④70~74岁　⑤75~79岁　⑥80岁以上
3. 学历：①无　②小学　③中学　④大专　⑤大学本科　⑥大学本科以上
4. 现职：①工作（A.全职　B.半职）②退休（退休年数____年）③无职
5. 职业属性：①公务员　②教师　③私营企业主·个体工商户　④专业技术人员　⑤公司职员　⑥工人　⑦农民　⑧其他
6. 在东方太阳城的居住年数：_____年。入住"东方太阳城"以前在北京的居住地：（请在右侧地图上标示位置）您在北京的居住年数：_____年。

如果您是从北京市外搬迁至此，原居住城市是_____省_____市，迁居的原因是_____。

7. 家庭结构：家庭总人口数_____人，子女人数（儿子_____人，女儿_____人）；在北京居住的子女人数（儿子_____人，女儿_____人）。
8. 现在家庭居住人口数_____人，分别是：①丈夫　②妻子　③父　④母　⑤儿子　⑥女儿　⑦孙辈　⑧保姆　⑨其他（_____）。
9. 迁入此地前家庭居住状况：①与子女分别居住　②与子女合居　③其他
10. 子女及孙辈探视情况：
    A. 来访探视频度：①每周1次以上　②每月1~2次　③每年数次以下
    B. 电话问候频度：①每天1次　②每周1~2次　③每月1~2次　④其他
    C. 网络联系：①每天1次　②每周1~2次　③每月1~2次　④其他
    D. 来访探视内容：①团聚　②代为购物　③扫除　④其他
11. 健康状况：①可以自驾车出行　②可以利用公共交通出行　③可以远距离步行　④可以在自宅附近活动　⑤需坐轮椅　⑥卧床

12. 现在的家庭主要收入来源：①退休金　②工作收入　③子女资助　④其他

二、住宅情况

1. 现在居住的住宅类型：①连廊式公寓　②单元式公寓　③联排别墅　④独立别墅

   迁入前所居住的住宅类型：①1~3层低层住宅　②1~6层多层住宅　③高层板楼　④高层塔楼　⑤其他

2. 现住宅的建筑面积：①100m^2以下　②100m^2~150m^2　③151m^2~200m^2　④200m^2以上；居住层数：_____层楼的_____层；

   房间数量：①1室1厅　②2室1（2）厅　③3室1（2）厅　④4室1（2）厅　⑤4室以上；

   房间数量是否满足使用：①满足　②一般　③不满足

3. 住宅的无障碍设计：

   A. 设置电梯与否：①有　②无

   B. 住宅出入口坡道：①有　②无　③有坡道但使用稍不便（原因：_____）

   C. 室内除室内楼梯外有无高差：①无　②有（位置：·大厅·卫生间·厨房·阳台·其他_____）；装修时是否将此高差改修平整：①有　②无

   D. 如有使用轮椅，室内哪些部位通行或使用不便：①入户门　②卧室门　③厕所门　④其他门（_____）⑤走廊　⑥厨房　⑦其他；原因是_____。

4. 室内是否加装支持扶手：①无　②有（位置：·走廊·卫生间·其他_____；将来是否有加装扶手的计划：①无　②有（位置：·走廊·卫生间·其他_____）

5. 住宅的物理性能：

   A. 日照采光：①很好　②一般　③较差（原因：·前楼遮挡·开窗小·其他_____）

   B. 通风：①很好　②一般　③较差（位置：·大厅·卧室·厨房·卧室·餐厅）

   C. 噪声：①隔音良好　②一般　③隔音较差（噪声源：·楼板振动噪声·住户间噪声·户内噪声·室外交通噪声）

   D. 保温隔热：①很好　②一般　③较差（·有结露·墙体保温差·门窗隔热差）

6. 房间设计布局在使用中的优点和不足：

项目	优点	不足
整体布局		
厅		
卧室		

续表

项目	优点	不足
厨房		
卫生间		
阳台		
其他		

7. 住宅设备使用不便的有：·上水·下水·暖气·强电·弱电·其他_____
8. 是否安装紧急呼叫系统：①无　②有（使用状况：·良好·未使用·无法使用）
9. 是否有室内跌倒的经历：①无　②有（位置：·卫生间·厨房·其他_____）

三、室外环境

1. 前次调查中发现，居住者对社区的环境普遍比较满意，请您按顺序列举您认为最满意的环境因素：_____①空间开敞　②大片绿化　③开阔水面　④建筑形式　⑤环境安静　⑥空气清新　⑦周边大环境　⑧其他

2. 您日常的室外休闲活动有：①散步 ②慢跑　③体育器械锻炼　④打拳练剑　⑤会聚聊天　⑥合唱、健身操等集体活动　⑦放风筝　⑧棋牌　⑨钓鱼 ⑩其他_____

3. 一般每天外出活动_____次，平均_____小时；与您迁入此地前相比室外的活动时间①长　②短　③差不多。

4. 请您在下面的小区平面图上画出您平常的活动路线、活动场所和活动内容，并请标识出您的住宅位置：

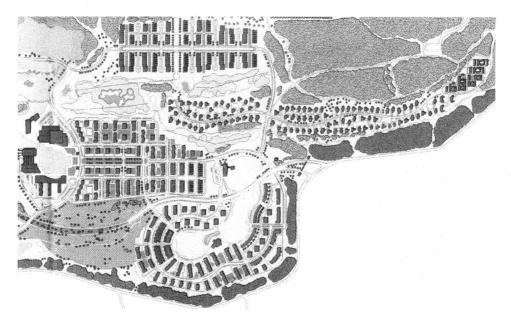

四、配套公共设施

1. 生活设施：

项目		超市	菜市(店)	早点	餐厅	理发	银行	邮局	洗衣店	药店	书店	报亭	茶室	医院	农园
满意度	很满意														
	一般														
	不满意														
意见															

2. 康体设施：

项目		乒乓球	台球	器械	体操房	保龄球	游泳馆	游泳池	网球场	篮球场	高尔夫	三温疗养池	其他
满意度	很满意												
	一般												
	不满意												
使用频度（次/周）														

3. 文化娱乐设施：

项目		图书馆	棋牌室	KTV	老年大学								其他
					合唱	舞蹈	腰鼓	电脑	书法	布贴画	太极	瑜伽	
满意度	很满意												
	一般												
	不满意												
使用频度（次/周）														

4. 您认为社区设施的使用收费：①合理　②一般　③偏高

五、社区服务

1. 您家是否雇有保姆：①无　②有（其职责：·家事·护理老人或病人·照顾小孩）

2. 是否用小时工服务：①无　②有（服务内容主要有：·做饭·扫除·购物·护理老人·照顾小孩·护理病人·陪伴陪聊·维修·其他_____）；平均服务时间____小时/周

3. 对社区服务的需求：①家事照料（·做饭·扫除·购物·维修）②老人照料（·看护·陪聊·洗浴帮助） ③病人护理 ④上门医疗 ⑤日间照料（即老人白天接送至日间照料中心）⑥安全探视 ⑦紧急呼救 ⑧其他_____

4. 对于物业公司及社区实行的针对老年人群的特色服务的满意度：

项目 满意度	门卡托管（无偿）	智能卡托管（有偿）	电话探视（有偿）	老年餐厅	其他
很满意					
一般					
不满意					
未使用					

5. 总体上，您对社区服务较为满意的项目有：_____

不满意的项目有：_____

您的意见和建议：_____

六、社区活动和人际交流

1. 您选择东方太阳城的主要原因是（可多选）：
①良好安静的环境 ②住宅和室外环境的无障碍通达 ③社区有较好的为老服务 ④生活、文化、体育、医疗等服务设施配套齐全 ⑤社区活动丰富 ⑥与同龄人有较好的交流，避免孤独 ⑦其他_____

2. 将来的居住意愿：
①一直在此居住 ②如果社区养老服务更为完善，将继续在此居住 ③与子女合居 ④与亲戚或朋友合居 ⑤养老院 ⑥其他_____

3. 社区组织的文化体育活动您是否参加：①经常 ②有时 ③较少 ④不参加
4. 您是否参与组织社区活动：①经常 ②有时 ③较少 ④不参加
5. 社区内是否有您的亲属或老朋友：①有（·子女·亲戚·朋友·同事）②无
6. 迁入社区后，您与邻里的结识较之以往居住的社区更为：①容易 ②差不多 ③不容易；结识的方式是通过_____；

您认识的邻里人数：①5人以下 ②5~10人 ③11~20人 ④20人以上

七、其他

您对于社区支持居家养老所需要的软硬件设施和服务有何意见和建议：

再次感谢您的热情帮助和指教，谢谢！

附录 5　D 社区调查访谈录

访问 01：爱说话的老太太，约 70 岁，超市门口，上午 10：30，老太太买了东西正跟保洁员聊天。

我不常住，周末和节假日才来。家住北新园，因为要在家接小孙子放学，但是今年只有周二、周四需要接送，孩子说他们克服一下，就不用我接了。我就想住着不走了。当然是这里好了，环境好，昨天下雪我还走了一大圈。我 03 年就买了房，是第一批买房的。平时来我就不坐班车，班车得走三环，955 直接到东直门（我住二环里），现在公交打 4 折，一般不用 2 小时，1 个半小时就能到，这次带小孙子一起来，班车小孩不用买票，就坐班车来了。他们物业要疯了，坐电瓶车要 1 块钱，我说公共汽车才 4 毛，你们要疯了，交那么多物业费，电瓶车说是为业主方便，要 1 块钱，我说我不给，就给 5 毛，对，我坐电瓶车去。

访问 02：推轮椅的老太太，约 75 岁，上午 11：30，和保姆一起来超市，菜放在轮椅上。

和老伴一起住，还有个帮忙的。这儿挺好，环境好，物业也很好，随叫随到，就是医院，一直没起来，比我岁数大的都不敢住这里。别的没有什么，就是医院，您给呼吁呼吁。

访问 03：带外孙玩儿的大学女教授，约 65 岁，快言快语，中午 12：00。

我住大学院里，现在单身的老人很多，尤其是女同志，孩子都在国外，有时每年回来一趟，那顶什么用啊。五六十岁的时候一个人就这么过来了，那时还行，现在都到了 80 多岁了，一个人就孤单了，因此出现了新的方式。这些教授都是早些年分的房子，三室，当时都是很好的房子，当然跟现在的不能比，大家都有三间房，三个原来就关系很好的同事就一起合住，这个月在我家，我自己有自己固定的一间房，另外两间也分别固定给另外两个人住，下个月再到你家，你也有自己的房间，我们也分别有自己的房间，再下个月轮到她家，这样大家互相做伴，现在这样的家庭已经有几家了，一般合住的都是脾气相投、生活习惯相近的，南方人和南方人，北方人和北方人，生活费或者是所住那家负担，或者是固定。我觉得这是个挺好的形式。另外还有三四个人去住条件还不错的养老院，再就是跟儿女一起住，基本就是这样几种方式。

我一直在大学工作居住，工作这么多年，不是一个系，一个教研组的老师也都认识,而且现在退休了,也不分系和教研室了,认识的人多。大学里组织得好,有合唱班、书画班。你不爱参加这个班,可以参加那个班。而这里也没有什么相熟的人,认识起来也不是很容易,要是我,我就不乐意住在这里。

访问04:买菜的老两口,年纪约65岁,精神很好,文质彬彬,上午11:00
讲明来意后,说明是作老年问题研究的,两个人都表示出理解,先生说尽力而为吧,女士说是得研究研究(老年问题)了。

访问05:骑车买菜的老先生,约80岁,上午11:00,买了一箱牛奶,往车后座上绑,费了半天劲,动作慢,而且眼神不好,总找不着头儿。
说明来意后,很爽快地答应了,我问下雪天骑车行吗,说没事,路上没雪。

访问06:买核桃的先生,约65岁,中午12:30。
现在只有节假日才来,现在还有事儿,走不开,等以后不工作了,就在此常住了。

访问07:观棋的一位先生,约60~65岁,下午3:00。
你看就这条件(在长椅上下棋),全是骗人的。

访问08:湖边买了东西回家的先生,60~65岁,下午2:30。
好,好,很好,好是好,可是什么都要钱啊。

访问09:湖边遛弯的一对夫妇,55~60岁,下午15:00。
这个社区相当复杂,住在这里的什么人都有,你看那边戴红帽子的老先生,那是个将军(将军由一位穿便装军服的警卫员搀扶,在湖边散步。)刚才你们看到的那个骑三轮车捡破烂的老头,他也住在这里,这里的情况很特殊。

访问10:50多岁的儿子陪着坐轮椅的老母亲,下午3:30。
老人是老两口居住,我每月来探望一次,平时请物业公司的小时工打扫房间,做饭自己能做。没有请保姆,因为不习惯家里有保姆居住。不满之处是医院,老人有病都得赶紧从城里赶来接回去治疗。

访问11:冯阿姨,63岁,"爱心歌室"大教室
现在我们有93名会员,而且还有一系列的小团体沙龙。你看我们的展板,其中有一位老人写的关于她中风的老伴,坐轮椅,精神也很孤独,但是自从参加到这里,每次活动都催促老伴快去,积极参加,精神和身体都有了恢复。音乐教室的墙壁上悬挂的中外音乐家的大幅招贴画,后面张贴的沙龙介绍和活动照片,

都是我们自己设计制作收集的。教室为了老人们的方便，平时都是桌椅配置，排练时才搬开桌子，这样老人能很好地看乐谱，做笔记，放杯子。课堂上大家可以自由地去倒开水喝，总之没有什么束缚，自由自在。我们干事组的负责发片子、通知、登记，工作也不少，几个人各有分工。主持人老师也特别认真，十一二岁就参加了文艺兵，在部队干了20多年，又一直从事音乐教学，特别认真。

访问12：图书馆义务管理员，同时也是社区居民，60多岁的老先生。

我比他们接待中心介绍得详细，他们就会吹牛。我先在这里帮帮忙，适应适应退休生活。我住独栋别墅，也过过张学良的生活，被软禁起来了，也好，就当是给孩子看着房子，孩子好玩，节假日天气很好的时候来这打高尔夫。

图书馆冬天来的人少，老人冬天不爱出门，季节好的时候，每天大概有20~30人，早上8：30至晚9：00，中午不休息，到了周末、节假日，孩子们都来了，大概有40~50人，有来看着孩子做功课的。图书馆书的来源分三部分，一是社区购买，二是居民捐赠，三是与城里的图书馆定期交换。

在这儿住着总体挺好的，吃饭，不乐意作，会所有中餐厅和宴会厅，宾馆有西餐厅，接待中心楼上还有餐厅，还有其他的小餐厅，门外的一个餐厅也挺实惠。

小区的水电等，除了电是接的市政的电力线，其他都是自给自足。水是打的深井水，污水集中到化粪池，经过污水处理后，变成中水灌到人工湖。煤气是将液化气灌到液化气站地下的气罐，转化后输送到各户。

物业服务很好，常年设交房办公室，他们直接与建设单位联系，房子三五年内有什么质量问题，打电话给他们，他们就让建设单位来修理，直到修好为止。

装修也是这样，只要是在物业注册的装修公司，一旦出现质量问题，全部负责包修。

我住的独栋别墅每年的物业费2万多，暖气是杭州产的锅炉，质量不行，我家的就修了几次。暖气费用不高，公寓楼的暖气费比较贵。出租公寓有一户常年租住，每年1万多租一套，公寓楼每年的物业费暖气费加起来就差不多够了，并且水电还不要钱，这家人真是很会打算，一样能享受这个好的环境。

交通有公交车955到东直门，现在修机场轻轨，可能绕远。平时一个半小时到东直门，现在还只打8折，应该也像城里打4折，因为车挺满的，总有上来下去的。另外有小19路到顺义城，坐过两回，不行，人太多。班车每天3班到城里。社区里一般家里都有车，但是平时孩子开车去上班了，老人还是靠公交。另外，区内的电瓶车，花一块五毛就接送到门，也挺方便。这里到城里打出租来回就得300，自己开车油钱也得百八十。等几年后高速不收钱能好些。

附录6 D社区问卷调查统计结果

1. 住宅情况
1.1 住宅类型及面积

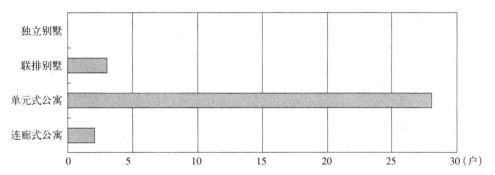

图 FL-1　现在居住的住宅类型

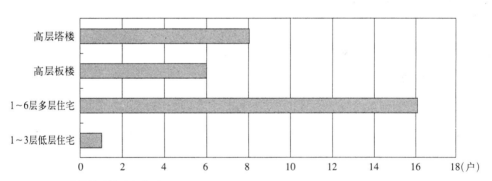

图 FL-2　迁居前居住的住宅类型

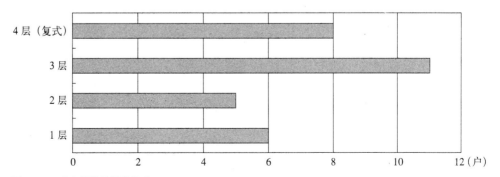

图 FL-3　现在居住的居住层数

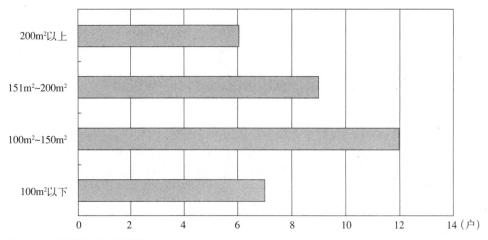

图 FL-4　现在居住的建筑面积

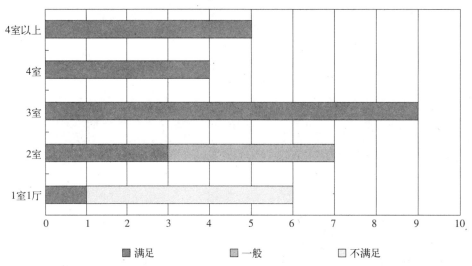

图 FL-5　房间数量及满足度

1.2　住宅的无障碍设计

（1）联排别墅未设置电梯和入口坡道，其他类型的住宅均设有电梯和入口坡道，且方便使用。

（2）室内高差，有两户阳台处有高差，其中一户装修时改修平整；另外一户的厨房处有高差，此户是80岁以上的夫妇户。

（3）轮椅的使用，唯一回答者是一户与母亲同住的夫妇户，反映卧室门、厕所门和除入户门以外的其他门客，不便轮椅的通行。

（4）室内支持扶手，目前只有四户安装了扶手，其中两户注明位置在卫生间，另外有三户计划安装。在这些住户中，各个年龄段都有。

1.3 住宅的物理性能

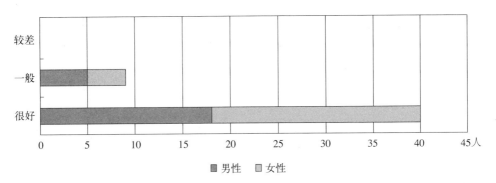

图 FL-6 日照采光的满意度

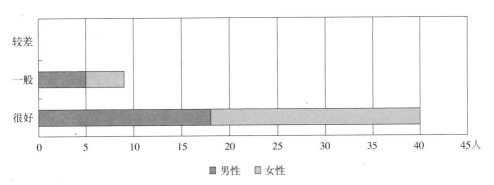

图 FL-7 通风的满意度

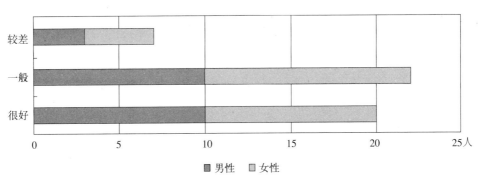

图 FL-8 隔声的满意度

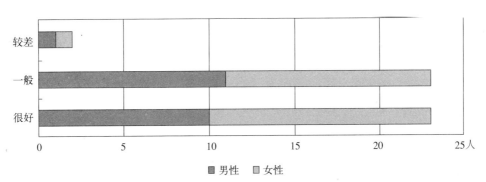

图 FL-9 保温隔热的满意度

回答隔声一般的住户情况　　　　　　　　　　　　　表 FL-3

序号	住户编号	性别	年龄	层数
1	01	男	65-69	3
		女	65-69	
2	05	男	50-59	2
3	06	男	70-74	4
		女	65-69	
4	08	女	60-64	3
5	09	男	75-79	
6	14	男	80岁以上	3
7	16	男	65-69	3
		女	65-69	
8	18	女	70-74	3
9	23	男	65-69	4
		女	50-59	
10	27	女	65-69	2
11	28	女	70-74	4
12	29	男	65-69	3
		女	60-64	
13	30	女	50-59	2
14	32	男	80岁以上	
15	34	男	60-64	1
		女	50-59	
16	35	女	50-59	1
合计	16 户	22 人		
意见	01-2：室外交通噪声			

回答隔声较差的住户情况　　　　　　　　　　　　　表 FL-4

序号	住户编号	性别	年龄	层数
1	04	女	60-64	4
2	07	男	75-79	4
		女	75-79	
3	19	男	50-59	3
		女	50-59	
4	25	男	65-69	1
5	31	女	50-59	3
合计	5 户	7 人		
意见	19-2：户内噪声；25-2：楼板振动噪声，室外交通噪声；7-1,2：离机场较近，有飞机噪声；31-1：楼板振动噪声，住户间噪声；4-1：室外交通噪声			

回答保温较差的住户情况　　　　　　　　　　　　　　　　　表 FL-5

序号	住户编号	性别	年龄	层数
1	04	女	60-64	4
2	05	男	50-59	2
合计	2 户	2 人		

回答保温一般的住户情况　　　　　　　　　　　　　　　　　表 FL-6

序号	住户编号	性别	年龄	层数
1	01	男	65-69	3
		女	65-69	
2	03	女	65-69	2
3	06	男	70-74	4
		女	65-69	
4	08	女	60-64	3
5	12	男	75-79	4
6	13	男	70-74	联排别墅
		女	65-69	
7	14	男	80 岁以上	3
8	16	男	65-69	3
9	17	男	60-64	联排别墅
10	19	男	50-59	3
		女	50-59	
11	25	男	65-69	1
12	28	女	70-74	4
13	29	男	65-69	3
		女	60-64	
14	30	女	50-59	2
15	31	女	50-59	3
16	32	男	80+	
17	33	女	60-64	1
18	34	女	50-59	1
合计	18 户	23 人		
意见	17-2：门窗隔热差，"少数门窗隔热不好，可能密封不严所致" 31-1：门窗隔热差			

回答日照采光一般的住户情况　　　　　　　　　表 FL-7

序号	住户编号	性别	年龄	层数
1	01	男	65-69	3
1	01	女	65-69	3
2	03	男	70-74	2
3	09	男	75-79	
4	20	男	70-74	2
5	29	男	65-69	3
5	29	女	60-64	3
6	30	女	50-59	2
7	33	女	60-64	1
合计	7 户	9 人		
意见	01-2：楼距小；01-1：开窗小			

回答通风一般的住户情况　　　　　　　　　表 FL-8

序号	住户编号	性别	年龄	层数
1	01	男	65-69	3
1	01	女	65-69	3
2	05	男	50-59	2
3	14	男	80岁以上	3
4	25	男	65-69	1
5	30	女	50-59	2
6	34	男	60-64	1
6	34	女	50-59	1
7	35	女	50-59	1
合计	7 户	9 人		
意见	34-1：厅，卧室，厨房通风均一般			

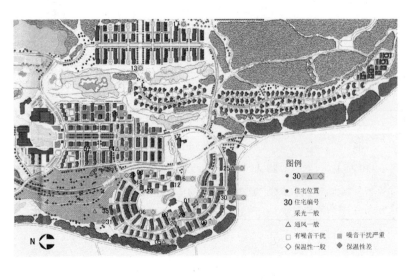

图 FL-10 日照采光，通风，隔音，保温一般或较差的住户位置

1.4 户型设计及使用

设计布局在使用中的优缺点　　　　　　　　　　表 FL-9

项目	优点	不足
整体布局	001-1[1]：尚好；001-2：可以 002-2：厨房、卫生间、阳台 003-1：整体布局合理 006-1,2：整体布局基本合理；厨房，卫生间，阳台其他可以 007-1,2：很好 011-1,2：均可以 012-2：除厅以外均可以 013-1,2：均良好 016-1：整体布局合理，南北东三个方向通风良好，光照好；016-2：三面通风良好，光照充足 017-2：布局合理，采光通风都好，也便于生活 021-1,2：整体布局、卧室、卫生间、阳台 023-1,2：均可以 024-1,2：整体布局、卧室、厨房、阳台 025-2：合理，较少浪费；其他可 026-1：可以 027-1,2：可以 029-2：合理 032-2：均尚可	001-2：窗开小，通风差；窗应开启式，推拉式不易擦玻璃 007-1,2：进家大门太狭，换鞋很不方便 031-1：电梯占用了室内一大块地方，没有餐厅
厅	002-2：大 016-1：客厅朝南，餐厅朝东；016-2：厅通风好，光照充足 026-1：明亮宽敞 027-1,2：明亮宽敞 029-1：宽敞 029-2：宽敞明亮	001-1：厅的面积太大不便使用；001-2：厅的面积太大，不便充分利用 006-1,2：厅太大 007-2：厅可适当小些，进门通道宽些 012-2：厅不整齐 021-1,2：厅打勾 024-1,2：厅打勾
卧室	016-1：一卧室朝南，一卧室朝北，书房朝北；016-2：卧室设计合理 029-2：卧室一间向阳	002-2：卧室小 006-1,2：卧室偏小 007-1：卧房在北面（二间，书房一间），美中不足；007-2：卧房在北面，美中不足 022-1：卧室2间朝北，冬天室温不高 029-2：卧室二间不向阳
厨房	016-1：厨房朝北；016-2：厨房采光充足方便 029-2：厨房比较宽敞适用	017-2：厨房面积太小，因太阳城远离城区，要多备食品，大冰箱无处放，厨房紧连着的工人房（图纸上标注）就作为厨房的仓储间，派上了用场，这样才能满足一家5口人的饮食需要 021-1,2：厨房不合理 029-1：卧室屋内有一个斜角 030-1：厨房太小

续表

项目	优点	不足
卫生间	016-1：主卫生间有东窗；016-2：卫生间面积大，使用方便 029-2：卫生间能洗浴	016-1：客卫生间没有明窗；016-2：卫生间只有一个明卫，另一个通风不够好 024-1，2：卫生间不合理 025-2：主卫无窗户 026-1：卫生间没有窗户 027-1：卫生间无窗户，不通气；027-2：卫生间没有窗户，通气无口 029-2：卫生间稍小了点 030-1：卫生间无窗户 033-1：卫生间没窗户
阳台	016-1：四个阳台各有其不同用处；016-2：阳台共四个，方便应用 029-2：阳台向阳宽敞	001-1：后阳台面积稍小；001-2：应封闭式阳台，因北京冬季风沙太大 002-2：阳台不甚合理 016-2：阳台有的太小，使用价值差 033-1：阳台太小
注	1.n-1，2为调查问卷编号，其中，n为调查家庭的编号，1为女性，2为男性。下同。	

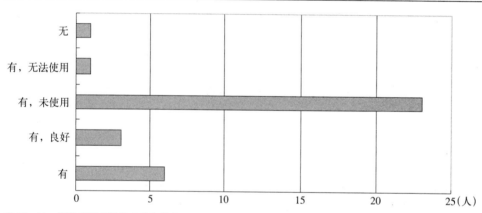

图FL-11 紧急呼叫系统的安装和使用
（意见：有，使用状况不很理想，因为值班人接电话不迅速）

1.5 住宅设备使用

设备使用中存在的不便　　　　表FL-10

使用方便	027-1，2：方便 030-1：无（不便）
使用不便	001-1：暖气设置不合理，最好采用地热 001-2：暖气应采用地暖 002-2：暖气主卧偏低 005-2：下水，强电 015-2：暖气 023-1，2：上水 024-1，2：窗 025-2：卫生间下水有噪声 033-1：下水

2. 室外环境及室外活动
2.1 环境因素

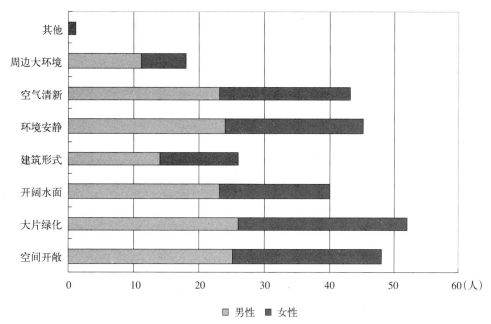

图 FL-12　认为满意的社区环境因素
（复数回答不考虑优先顺位的情况）

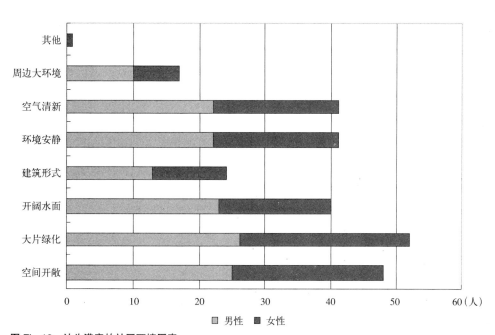

图 FL-13　认为满意的社区环境因素
（复数回答，7个因素全部排序的情况最末位不计）

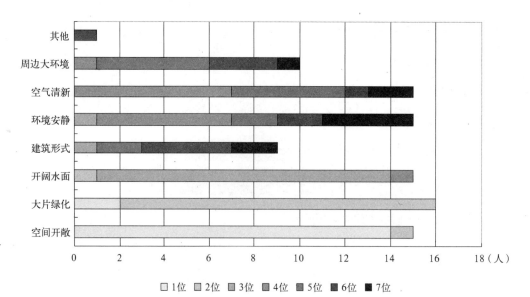

图 FL-14 环境因素排序（只计算有排序的回答数 $n = 16$）

关于环境因素的附加意见　　　　　　　　表 FL-11

赞同	003-2：空气 016-1：空间开敞，大片绿化，开阔水面，空气清新，环境安静，环境优美；016-2：空气污染小，绿化面积大，噪声小，汽车少 017-2：列举的 7 个方面都还满意，关于水面，北京是缺水城市，其水面不算大，也还可以了
反对	001-1：水面，好景不长，夏季变臭水，管理和治理较差 025-2：周边大环境不甚满意，农民烧作物烟味漂浮

2.2　室外休闲活动

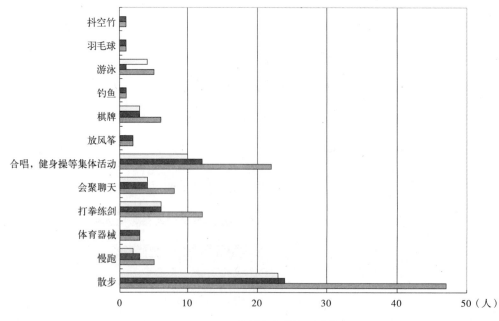

图 FL-15　日常的室外休闲活动（复数回答）

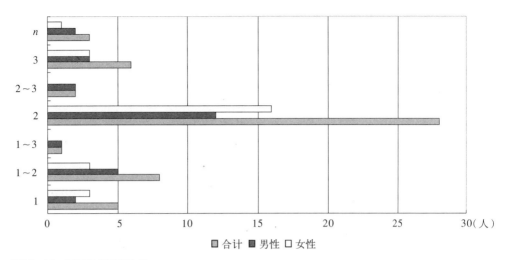

图 FL-16　每天室外活动次数

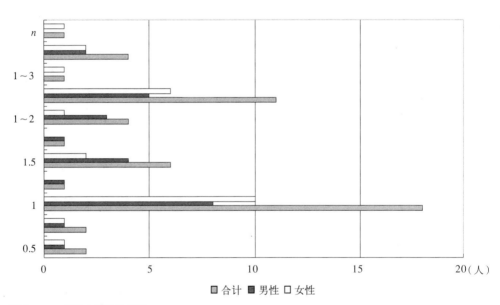

图 FL-17　每天室外活动时间

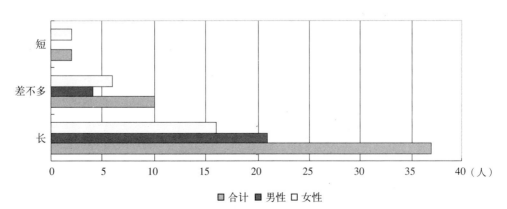

图 FL-18　活动时间与迁入前的比较

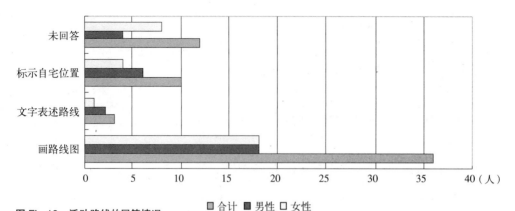

图 FL-19　活动路线的回答情况

活动路线、场所和内容的附加意见　　表 FL-12

001-1：明湖园→万晴园→清波园→潮白河边；001-2：从明湖园－万晴园－清波园－富春园－明湖园止散步；没有活动场所，如老人聊天室，等
014-2：物业联系，邮局，银行
017-2：除周六日外，每天要接送小孙子（5岁）上幼儿园，这也算每天的室外休闲活动了。汇佳幼儿园
022-1：散步，下棋
025-2：1.散步，或小圈或大圈；2.售楼处小树林跳舞；3.俱乐部楼参加唱歌，摄影俱乐部活动
028-1：（标示活动场所位置）打拳练剑在家门口的明湖园小公建前；健身操在售楼处小树林；合唱在俱乐部楼）
032-2：一般沿湖转一两圈，有时也转清波园大圈
034-1：沿水边走，一二期；034-2 一二期水边
025-2：周边大环境不甚满意，农民烧作物烟味漂浮

3. 配套公共设施

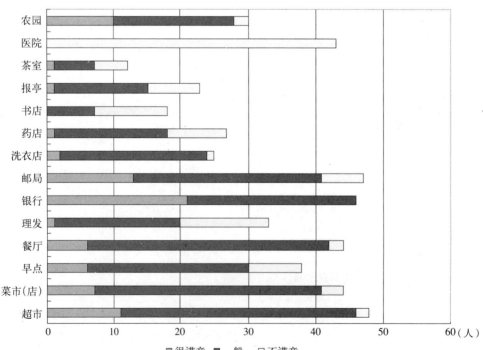

图 FL-20　生活设施的满意度

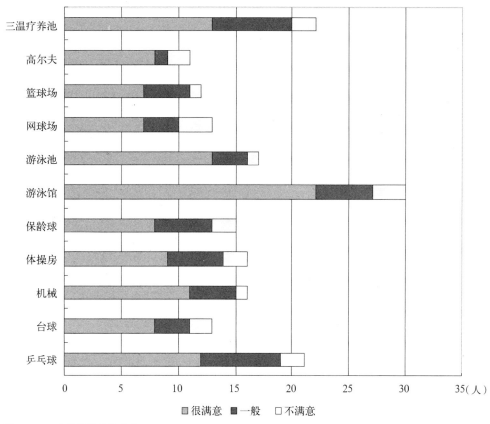

图 FL-21　康体设施的满意度

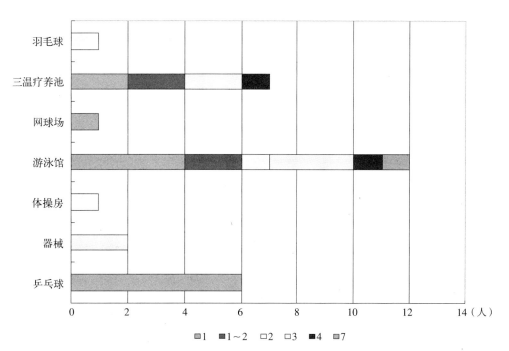

图 FL-22　康体设施的使用频度（次/周）

康体设施使用的意见　　　　　　　　　　　　表 FL-13

017-2	对于社区内的康体文化娱乐设施还没有光顾过，因为刚搬进太阳城时间不长，家里还没有安置好，大量的家务事要去做，还要照看小孙子，无空闲时间，另外夫妇俩是从国有企业退休，退休金加起来每月 2000 元，这样的收入，高消费也是不现实的
018-1	池水温太低，冬天尤其，希望提高 3 度
030-1，2	价贵
032-2	基本不去

生活设施不满意的意见　　　　　　　　　　　表 FL-14

项目	住户编号	意见
菜市	033-1	品种少
餐厅	025-2	社区内餐厅设施尚可，老年餐太贵
	033-1	贵
理发	001-1	无
	007-1，2	应设理发店
	031-1	没有
邮局	017-2	邮局没有汇款业务
药店	017-2	药店无
	029-1	希望设药店
书店	001-1	无
	004-1	没有
	017-2	书店无
	018-1	图书馆满意
	029-2	只有卖报刊
	031-1	没有
报亭	029-1，2	希望设报亭
	031-1	没有
医院	001-1	无
	003-2	无
	004-1	没有
	006-1	社区没有医院，看病太难
	006-2	至今未解决看病问题（医院太远）
	007-1	医院希望早点开业
	007-2	医院要早开业
	009-2	3 年来无医院
	013-1，2	没医院
	016-1	没有医院
	017-2	医院无
	019-2	没有医院
	022-1	未建立，看病太难
	023-1	医院未开
	023-2	医院未办起来
	025-2	医院没有
	029-1	希望尽早开诊
	029-2	现无医院
	031-1	没有
	033-1	医院非常不满意
	035-1，2	医院无

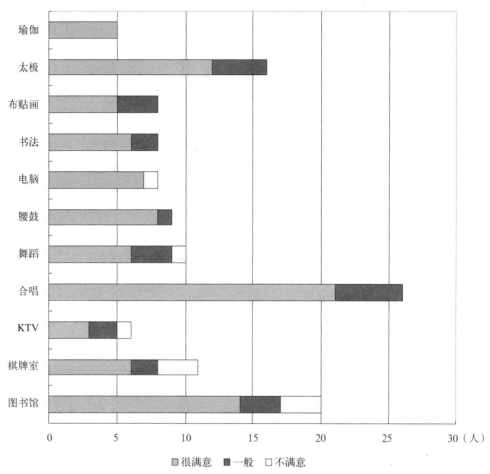

图 FL-23 文化娱乐设施的满意度

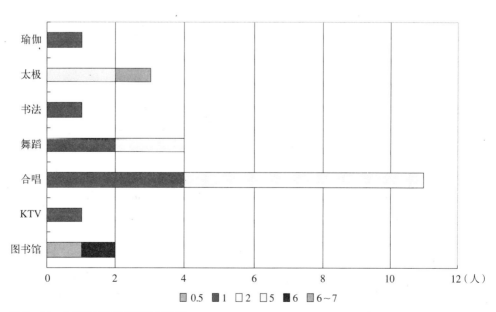

图 FL-24 文化娱乐设施每周使用次数

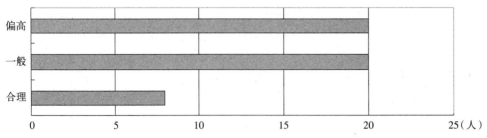

图 FL-25　社区设施收费的意见

（032-2：有的不很合理，如看报）

文化娱乐设施使用的意见　　　　　表 FL-15

住户编号	意见
001-1	无免费棋牌室
018-1	图书馆收费有不合理处：20 元/月者可以出借图书（放押金），100 元/年者不可出借，放押金也不行
035-1	舞蹈场地费太贵了

4. 社区服务

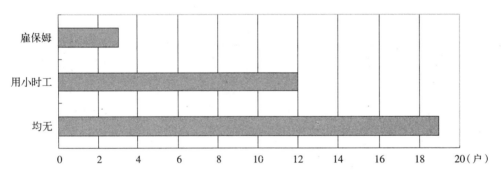

图 FL-26　使用保姆、小时工的情况（34 户）

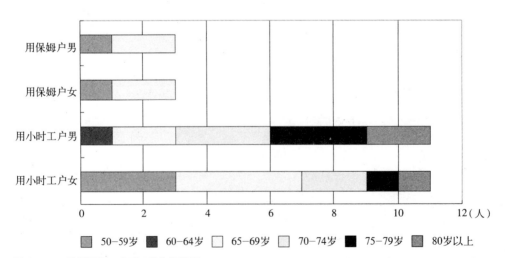

图 FL-27　使用保姆、小时工的年龄状况

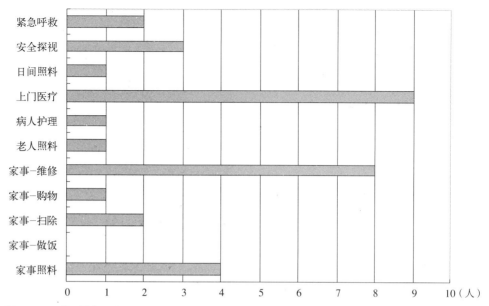

图 FL-28　社区服务需求（回答数 32 人）

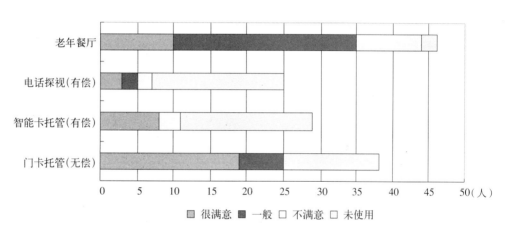

图 FL-29　社区开设的老年服务的满意度

保姆、小时工的服务状况　　　　　　　　　　　　　表 FL-16

	服务内容	服务小时	备注
保姆	002：照顾小孩 013：家事 024：护理老人		
小时工	均为扫除	平均 3.3 小时/周	最长 8 小时；最短 1 小时

老年服务不满意的原因　　　　　　　　　　　　　表 FL-17

住户编号	服务内容	原因
001-2	智能卡托管	经常坏
029-1	老年餐厅	菜量太少

其他社区服务需求　　　　　　　　　　　　　　　　　　　　　　表 FL-18

住户编号	服务内容
001-2	目前还不需要
005-2	老人棋牌室（免费）
007-1 007-2	以上服务在老年社区都应设置，需要时叫得应
018-1	擦窗外玻璃（二层以上）
025-2	兑现承诺，速建医院！
032-2	设医院

社区服务的意见　　　　　　　　　　　　　　　　　　　　　　　表 FL-19

住户编号	夫妇	满意的项目	不满意的项目	意见和建议
01	女性		态度好，办不了实事	加强对员工的职业道德教育，提高职工素质
01	男性	服务人员态度较好	收费服务项目多，不透明	建议账目公开，透明（指物业账目和维修收费）
02	女性			老年社区应进驻医院
02	男性	保安，绿化，清洁	医疗服务	建议尽快解决社区医疗问题
03	女性		服务性收费过高	
03	男性	工作人员态度和气，有礼貌		应建自行车棚
04	女性	卫生，保安，绿化	湖水脏，臭；无医院；公交车时间太长	
05	男性	绿化，人工湖（但清洁度日趋恶化）	老人休闲场所（指免费）已经取消	
06	女性	物业公司服务及绿化比较满意	社区应设立为老人看病的医疗机构	
06	男性	物业公司对社区的绿化，卫生	社区没有医院，看病难，对老年人此项非常重要	
07	女性		希望暖气按计量收费，这样既节约资源，又可节省业主开支	希望医院早些开业，设理发店
07	男性		希望暖气按计量收费，这样既节约资源，又可节省业主的开支	希望医院早些开业，设理发店
09	男性	保安，维修，卫生		
11	男性	安保，洁卫	装修管理欠严，扰民	
12	男性	环境卫生	房屋维修，电视信号不良	湖水夏季要换水，要保持无臭味；楼顶阳台栏杆都锈了，应定期油刷
13	女性	小区绿化好	没有医院，花卉无人管理，树木打药不够	应该设立医院
13	男性	小区绿化好	没有医院，花卉无人管理，树木打药不够	应该设立医院

续表

住户编号	夫妇	满意的项目	不满意的项目	意见和建议
14	女性	环境幽静		
15	女性	绿化,保安	看病	
	男性	绿化,保安	看病	
16	女性	物业管理,维修,环境卫生等	医院至今没有建立	加速医院设施以适应老年社区的需求
	男性	物业管理及维修服务,保洁卫生,安全保卫	无医疗卫生服务,早上班车不能天天有	尽早解决医疗问题,增加班车次数
17	男性	管理正规,服务及时周到	一层卧室暖气不行,室内温度仅有14度,但一冬至今未解决。第一层只有这一间卧室,它和其他住房有一定间隔,适宜老人单独居住,和子女住房间有一定独立性,这是它的优点,但由于是独立卧室,所以冬季的取暖保温是薄弱环节,需要加强	
18	女性	保安,保洁		
19	女性			马上建立社区医院,尽快解决湖水的流动问题
	男性			马上建立社区医院,希望吃的水每季度检测一次
21	女性	治安,康体,文化娱乐	医疗服务设施	医疗设施,上门医疗服务
	男性	康体,治安,文化娱乐	医疗服务设施	医疗设施,上门医疗服务
22	女性	文化娱乐设施	医院迟迟未能建立,看病太难,有点受骗上当的感觉	尽快把医院建起来,让我们有地方看病
23	女性	保安,小区和周边环境	医疗,水质	办起医院,接自来水网
	男性	环境,保安	医疗,公交,水质	开办医院(有计划),接自来水网
24	女性	环境好	医疗不方便	办医院或上门医疗
	男性	空间大,开阔,绿化,水面等环境	医疗,公交不方便	尽快办起医院或上门医疗服务
25	男性	硬件设施好,物业服务可以,人性化	软件差	小区靠马路住户汽车噪声污染严重,一个可行意见请交管部门:①立限速标志(小于40km/h);②禁鸣笛标志;③设电子警察,主要针对呼啸而过的载重卡车
26	女性	环卫,安全	养犬较多	每户养犬不得多于1条
	男性	环卫,安全	养犬较多	每户养犬不得多于1条
27	女性	环卫,安全	养犬不讲卫生,狗粪多,太烦人	集中一个场地遛狗,无人看见时,他们就不处理粪便,很不道德
	男性	环卫,安全	养犬不注意卫生,狗粪多,太烦人	要集中一个场地放养,遛狗
29	女性	绿化,卫生打扫,物业服务	对养犬户的管理	希望用最快的速度将医院建起并尽快开诊,解决老年人看病远,看病难的问题
	男性	绿化,交通车	医疗服务没有!康体设施及娱乐设施收费太高	多开展活动,收费不要太高,让退休的老人能承受
30	女性	设施满意	无医院,保安加强,周边烧垃圾	尽快建医院
	男性	设施满意	无医院,周边烧垃圾	尽快建医院,保安加强

续表

住户编号	夫妇	满意的项目	不满意的项目	意见和建议
31	女性	物业服务，体育设施	医院没有到位，班车安排不合理，周日、周六班车无空调	尽快设立看病就诊的机构
32	男性		医院门诊未解决，其余还不错	
33	女性		没有医院	快快成立（医院）
34	女性	都满意		
35	女性	绿地管理，照明，卫生，服务态度	没有社区医院	社区医院是首先要解决的问题
	男性	绿地，卫生，照明	没有社区医院	尽快解决医院问题
B01	女性	保安，清扫	医疗	
	男性	保安，清扫	医疗	
B02	女性	卫生绿化，公共安全，文化建设		在老年社区，更应注重的是老年人的精神生活，有一个更加方便便捷的老年人活动场所，如聚会室，谈心角等
	男性	卫生绿化，公共安全，文化建设		注重老年人的精神生活，开辟老年人聊天室
B03	女性		无医院，看病难	按开发商承诺早建好医院，以解决老年人看病问题
	男性		医院问题	

5. 社区活动和交流

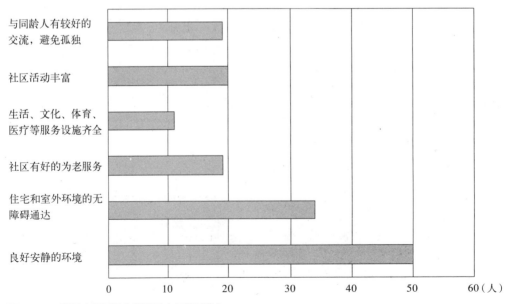

图 FL-30　选择本社区居住的原因（复数回答）

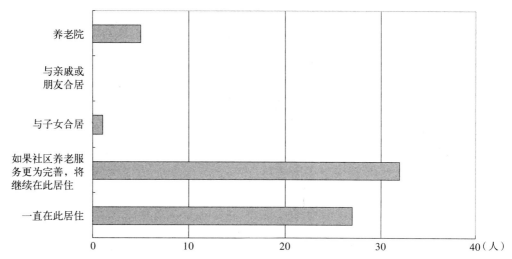

图 FL-31　未来的居住意愿（复数回答）

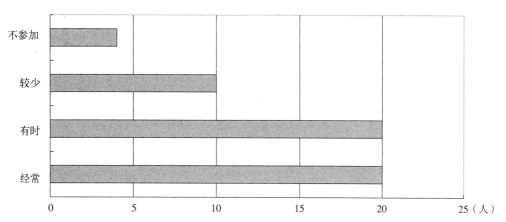

图 FL-32　社区活动参加情况

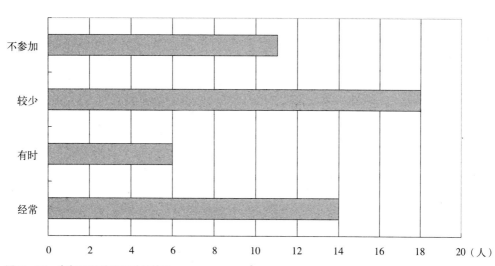

图 FL-33　参与组织社区活动的情况

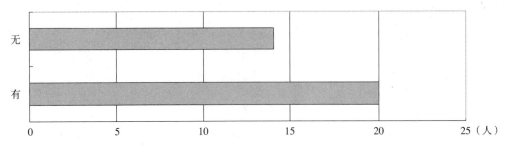

图 FL-34 社区内居住的亲友网络状况

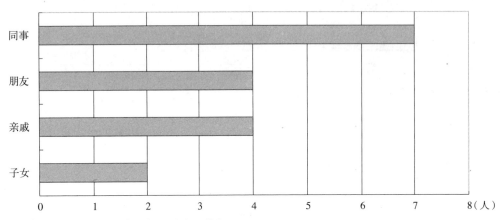

图 FL-35 回答有亲友的亲友类别（复数回答）

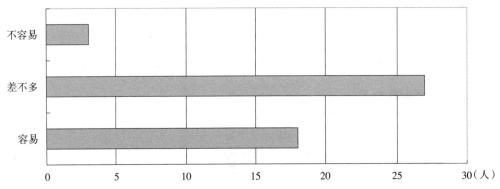

图 FL-36 社区内邻里结交状况

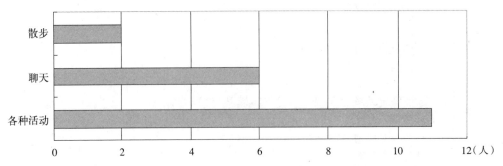

图 FL-37 结识方式

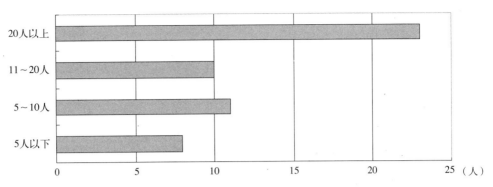

图 FL-38　社区内相识人数

结识方式　　　　　　　　　　　表 FL-20

住户编号	方式
005-2	下棋
009-2	电话，散步
011-2	散步
013-1，2	聊天，串门
014-1，2	电话联络，走访
016-1	相互交谈
016-2	日常交往
017-2	接送孙子上幼儿园和园里进行的亲子活动时家长聚在一起互相结识
020-2	参加活动
021-2	社区文体活动
022-1	文化体育活动
027-1	活动才结识
029-1	社区活动
029-2	各种活动
030-1，2	社区活动
031-1	各种活动的参加
032-2	再交些新朋友

对于社区支持居家养老所需要的软硬件设施和服务的意见和建议　　　表 FL-21

住户编号	夫妇	意见和建议
01	女性	①最急需解决的问题是医院问题，这个问题是 100% 的住户都强烈要求解决的。如果还不能解决，很多老年人只能无奈地搬走。建设规划老年社区这是第一个最重要的。②没有老年人的活动场所，这也不是老年社区该做的，至于距离不远的大会所，门槛太高，老年人，工薪阶层更是可望不可及。③燃气未与市政接上，致使燃气价格比城里高 0.5 元/立方米，而且一旦气紧，就会无气可供。④开发商承诺多，兑现少。⑤不知你们的调查用意何在，请你们真正为老年人着想
	男性	应有老年免费活动场所，便于老人互相交流。建设老年社区只能由政府做，因为只有政府才能为百姓着想，任何企业都是以利润为基点的，它就不可能为民着想。企业是不会有社会责任感的

续表

住户编号	夫妇	意见和建议
02	女性	老年社区必备的医疗设施应尽快解决
	男性	建议尽快解决社区医疗、购物等项服务方面存在的不便问题
03	女性	现有的硬件设施服务不到位,不要提要求,就按照原有的服务公约,也没有做到位,物业服务项目收费过高
	男性	①社区使用电动自行车或自行车的人渐多,应建自行车棚挡雨。②应加快医院或门诊设立步伐,解决急需的取药,注射,化验等医疗问题
04	女性	①医院至今未开设!②社区交通不便,公交车路线太长,时间太长,建议搞支线,区间。③湖水不流动,死水必然脏臭,将是社区未来的大问题,住户们无能为力,开发商应承担改造
05	男性	社区医院应必备,但至今仍为水中月;休闲场所是人与人沟通的良好渠道,但被开发商吞掉(刚入住时,大家经常一起聊天,下棋,打牌,不亦乐乎,被取消后,大家意见很大)
06	女性	①尽快解决就医难得问题。②社区应加大力度对养犬人的管理教育。③社区对农园收的租金应与北京市对土地租费相吻合,承租土地应相对稳定
	男性	①社区应加强对养犬户的养犬管理。②尽快解决老人看病难的问题,建立医疗设施。③农庄的租金太高,承租的土地应相对固定,不能一年一变
07	男女	今后空巢家庭逐年增多,建议在第三期建设中考虑为孤寡老人建立设备健全,全方位服务的养老院
09	男性	①应建立最起码的医疗机构如医院,门诊部或社区医院;②应有免费阅览室(至少最起码有2-3份报纸);③在建立医疗单位以后,入住业主增加,相应的要有较大规模的超市,使老人不要离开太阳城即可买到想买的物品(包括食物)
11	男性	继续发挥其优点优势,提高污水处理质量,提高湖水清洁度;协调,提高周边环境质量(杜绝焚烧垃圾、树叶)
16	女性	尽快建立3级甲的中日友好医院(分院),这是买房时承诺的,应该能办到,北京市卫生局也有批文。此社区总体上是令人满意的
	男性	尽早建立医疗门诊部,社区内部和到市内的班车希望更加方便
17	男性	居家养老,我理解是居住在自己的住所里养老,我认为这比较适合中国的国情。居住面积不要大,满足起居需要就可;房子质量要好,门窗质量要好,太阳城住所里门窗质量还不理想;紧急呼救一定要落实,特别是夜间,使老人有安全感,一日三餐的供应要保证,因为有的老人不能在家做饭,要物美价廉;社区的日用品粮油蔬菜购买要方便,太阳城里每周三、周五上午有购物班车,很受老人欢迎;社区的水、电、气、暖设施要建好,维修好,让老人住得舒适安全
18	女性	除去医疗,一切都很满意,这里不需有大医院,只需有个医务室:能打针,点滴,指导急救,有经验的护士长可胜任
21	女性	尽快把医院办起来并提供上门医疗
	男性	应尽快把医院办起来
22	女性	还是医疗问题,希望医院尽快建起来,没有医疗服务的社区绝不是一个好社区。另外希望服务设施在收费上能降低些,我们的退休金不多
23	女性	办更完善的上门服务
	男性	改善水质,办起更完善的家庭服务
24	女性	应尽快办起医院更好,经常性上门服务,实现居家养老
	男性	应上门医疗和建立探视,上门服务才能实现居家养老

续表

住户编号	夫妇	意见和建议
25	男性	①老年餐厅的价位不超过5元为宜，每种菜一点即可，营养均衡，学学北京太阳城；②医院必须解决，刻不容缓。③每周一次的舞会已由5元涨到10元，服务标准并未提高，仍是一盘录音带到底。退休老人乃弱势群体，应属扶助对象，君不见北京公交票价的改革顺应民心。④俱乐部设施可以收费，但应适度，内外有别程度还不够。公司管理上，卡上画格就行，凭什么还得限本人使用，以后是否还要指纹验证啊！管理水平太低，领军人物应有学历要求，阅历广，视野开阔，信息通畅，文化素质，业务素质，人品素质都应具备
29	女性	①希望开发商能遵守诺言，用最快的速度将医院建立起来并开诊，解决老人医疗难。快！快！快！②图书馆看书，借阅收费太高，发挥不了图书馆应有的作用；③活动场所，对于长期在太阳城居住，只靠退休费生活的老人，每次活动收费偏高，希望降低每次活动收费标准，更好发挥各种设施的作用，薄利多销不乏也是个好办法
29	男性	对社区医院的迟迟不建，很多人有意见，深感不便，现每周只有一次班车去中日医院（周四），本来购房时承诺中日医院在太阳城建分院，不然很多人不来这里，这一条是很多老人选择太阳城的主要条件，目前此问题尚未解决，如果没有医院，老年社区难免有人患急症，如果有人心脑血管病发作，恐怕急救车来也晚了，这也是现在很多房买后空置的原因之一
30	女性	要有医疗上门服务
30	男性	要有医疗上门服务
31	女性	看病太不方便！社区内应设有婚介，解决单身老人的问题
32	男性	未考虑
35	女性	①目前社区反映最强烈的就是没有医院，开发商没有兑现，提起此事，老人们痛哭流涕。②没有免费的活动场所，一切朝钱看，业主与开发商打官司至今没有结果，开发商卖房时协议中承诺的免费棋牌室，活动室，老人大学等现都以经营为目的，不少业主也准备打官司向开发商讨要违约金
35	男性	①解决老人就医问题；②提供免费活动场所
B02	女性	①尽快建起医院；②进一步搞好环境污染，保证老人身体健康；③完善社区周边公共交通设施，方便乘车出行
B02	男性	①尽快建立医院；②进一步控制烟尘污染；③完善公交，便于出行方便
B04	女性	买房时，开发商承诺中日医院入住社区，至今没有实现，给看病带来极大不便。社区没有公益性，免费活动场所例如打乒乓球是一种适合老年人的运动，如果每天到会所去打，一年下来要三千至五千元左右，对于已退休的人员来说太昂贵了

参考文献

[1] 阿兰纳·伯兰德，朱健刚. 公众参与与社区公共空间的生产：对绿色社区建设的个案研究. 社会学研究. 2007（4）：118-36.

[2] 柏宏军. 老年政策法规咨询手册. 北京：华龄出版社，2005：159-312.

[3] 北京老龄工作委员会办公室等. 北京市居家养老服务体系建设研讨会文集. 2006.

[4] 北京市城市规划管理局. 北京十年的建设. 1958.

[5] 北京市测绘院. 北京地图集. 北京：测绘出版社，1994.

[6] 北京人口学会等. 人口与发展. 北京：清华大学出版社，2006：126，150-158.

[7] 北京市统计局. 北京五十年. 北京：中国统计出版社，1999：49-62.

[8] 北京市统计局等. 北京统计年鉴2007. 北京：中国社会科学出版，2007：68-71.

[9] 北京市统计局. 北京统计年鉴（2008）. 北京：中国统计出版社，2008.

[10] 北京市西城区志编纂委员会. 北京市西城区志. 北京：北京出版社，1999.

[11] 北京市西城区月坛街道办事处. 以"无围墙敬老院"为试点，推进社区居家养老服务事业的发展. 老龄问题研究. 2007（1）：28-33.

[12] 北京市政协文史资料研究委员会，北京市民族古籍整理出版规划小组. 北京牛街志书—冈志. 北京：北京出版社，1990：1-2.

[13] 蔡昉等. 中国人口年鉴2003. 北京.

[14] 陈义风. 当代北京四合院史话. 北京：当代中国出版社，2008.

[15] 陈正祥. 中国文化地理. 北京：生活·读书·新知三联书店. 1983.

[16] 丁世华. 当代北京居住史话. 北京：当代中国出版社，2009.

[17] 董光器. 古都北京五十年演变录. 南京：东南大学出版社，2006.

[18] 古代建筑研究所等. 加摹乾隆京城全图. 北京：北京燕山出版社，1995.

[19] 国家统计局人口和就业统计司. 中国人口统计年鉴2006. 北京：中国统计出版社，2006.

[20] 国家统计局人口和社会科技统计司. 中国人口统计年鉴2001，2004. 北京：中国统计出版社.

[21] 国务院人口普查办公室等. 中国1990年人口普查资料. 北京：中国统计出版社，1993.

[22] 广州市民政局. 社区居家养老服务模式的创新. 中国民政. 2007：23-28.

[23] 侯仁之. 北京历史地图集. 北京：北京出版社，1988.

[24] 侯仁之. 北京城市历史地理. 北京：北京燕山出版社，2000，5.

[25] 华揽洪. 重建中国—城市规划三十年（1949-1979）. 李颖译. 北京：生活·读书·新知三联书店，2006：135-136.

[26] 胡仁禄等. 老年居住环境设计. 南京：东南大学出版社，1995.

[27] 居家养老服务研究课题组. 逐步建立一个多层次多形式广覆盖的居家养老服务网络：上海居家养老调查报告. 社会学. 2002（3）：22-28.

[28] 珂莱尔·婉格尔，刘精明. 北京老年人社会支持网调查：兼与英国利物浦老年社会支持网对比. 社会学研究. 1998（2）：57，61.

[29] 倉沢進，李国慶. 北京—皇都の歴史と空間，東京：中央公論新社，2007，8.

[30] 雷洁琼. 转型中的城市基层社区组织. 北京：北京大学出版社，2001：55，50-56.

[31] 李兵. 社区居家养老服务的政策体系. 北京行政学院学报. 2008：79-83.

[32] 李天国. 北京の新疆村—イスラム系コミュニティの生成過程. ハーベスト社，1996，1.

[33] 黎熙元. 社区建设–理念、实践与模式比较. 北京：商务印书馆，2006：162-163.

[34] 黎熙元，陈福平. 社区论辩—转型期中国城市社区的形态转变. 社会学研究. 2008（2）：214-5.

[35] 良警宇. 牛街——一个城市回族社区的变迁. 北京：中央民族大学出版社，2006.

[36] 林禾. 高龄老人照料资源及影响因素研究. 中国社会科学院研究生院，2003.

[37] 刘东声，刘盛林. 北京牛街. 北京：北京出版社，1990：7.

[38] 刘敦桢. 中国古代建筑史. 北京：中国建筑工业出版社，1980.

[39] 刘晶. 城市居家老人生活质量评价指标体系研究——以上海为例. 华东师范大学，2005.

[40] 吕俊华等. 中国现代城市住宅 1840-2000. 北京：清华大学出版社，2003：256.

[41] 马松亭. 中国回教的现状·续（在埃及正道会的讲演）. 月华. 1933，5 (17).

[42] 闵学勤. 社区自治主体的二元区隔及其演化. 社会学研究. 2009（1）：162-181.

[43] 穆光宗. 家庭养老制度的传统与变革. 北京：华龄出版社，2002：97.

[44] 欧阳铮，孙陆军. 我国涉老政策初探. 老龄问题研究. 2008：3-12.

[45] 彭希哲等. 城市老年服务体系研究. 上海：上海人民出版社，2006：107.

[46] 祁峰. 建立具有中国特色的养老新模式. 经济问题探索. 2005：57-59.

[47] 祁峰. 一种新型社会养老模式——居家养老. 辽宁师范大学学报（社会科学版）. 2005，5：16-18.

[48] 全国老龄工作委员会办公室. 关于全面推进居家养老服务工作的意见.

[49] 孙樱. 北京城市老年休闲行为特征及其时空分异规律研究. 中国科学院地理科学与资源研究所，2003.

[50] 仝利民. 老年社会工作. 上海：华东科技大学出版社，2006：270-272.

[51] Victor F. S. Sit. Beijing：the Nature and Planning of a Chinese Capital City. John Wiley £ Sons Ltd, 1995.

[52] 王海涛等. 关于北京市宣武区社区居家养老模式初探. 西北人口. 2007（3）: 47-50.

[53] 王金元. 城市老人居家养老的现状与对策. 江南大学学报（人文社会科学版），2008（3）: 15-18.

[54] 王铭铭. 小地方与大社会——中国社会的社区观察. 社会学研究. 1997（1）.

[55] 王诗宗. 地方治理在中国的适用性及其限度——以宁波市海曙区政府购买居家养老政策为例. 公共管理学报，2007，10（4）.

[56] 王亚男. 1900-1949年北京的城市规划与建设研究. 南京：东南大学出版社，2008.

[57] Web Information: http://www.cnca.org.cn/；http://www.mca.gov.cn/ http://www.laoling.com/，etc.

[58] 吴卫红. 居家养老模式. 老龄问题研究. 2005（3）: 38-45.

[59] 奚志勇. 中国养老. 上海：文汇出版社，2008.

[60] 项飚. 跨越边界的社区——北京浙江村的生活史. 北京：生活·读书·新知三联书店，2000.

[61] Xu Fang, Takata Mitsuo. A Study on Residential Supporting System Led by Government for the Elderly at Home in Cities of China - A Case Study of a Community in Beijing, China. Presentation on *IFHP Working Party on "Continuity and Change in Cities"*. 2007.

[62] Xu Fang, Takada Mitsuo. A Study on Community Services in the Commercial Habitat for the Elderly in China - A Case Study of the Oriental Sun-city in Beijing. *Summaries of Technical Paper of Annual Meeting, Architectural Institute of Japan*. 2007: 925-926.

[63] Xu Fang, Takada Mitsuo. D-community: How Private Interests Meet the Needs of Public Realm. Proceedings of 13th Biennial Conference of International Planning History Society. 2008: 236-253.

[64] Xu Fang, Takada Mitsuo. Structure Pattern of Government Leading Supporting System for the Elderly at Home - Case Study of N-Subdistrict in Beijing. Urban Housing Sciences. 2008（63）: 33-38.

[65] Xu Fang, Takada Mitsuo. Pattern of Community-leading Supporting System for the Elderly at Home - Exploration to the No-wall Elderly Care Center of Q-community in Beijing. Journal of Architecture and Planning (Transactions of AIJ). 2009（635）: 121-128.

[66] 徐勇等. 中国城市社区自治. 武汉：武汉出版社，2002: 329.

[67] 阎崇年. 北京城市的历史演进. 中国古代地图集: 城市地图. 西安：西安地图出版社，2005.

[68] 颜廷健. 从北京太阳城看退休社区的发展. 北京：中国人民大学，2004.

[69] 杨团. 社区公共服务论析. 北京：华夏出版社，2002: 221, 227.

[70] 姚栋. 当代国际城市老人居住问题研究. 南京：东南大学出版社，2007.

[71] 姚远. 中国家庭养老研究. 北京：中国人民大学，2001.

[72] 叶骁军. 中国都城历史图录. 兰州：兰州大学出版社，1986.

[73] 袁熹. 北京近百年生活变迁：1840-1949. 同心出版社，2007.

[74] 昝庆文. 从"东方太阳城"看老龄问题的市场化出路. 北京：中国人民大学，2003.

[75] 曾毅. 中国人口分析. 北京：北京大学出版社，2004.

[76] (明)张爵. 京师五城坊巷胡同集.(清)朱一新，京师坊巷志稿.北京出版社，1962，3.

[77] 张文范. 坚持和完善家庭养老 积极创造居家养老的新环境——在全国家庭养老和社会化养老服务研讨会闭幕式上的讲话. 1998.

[78] 张小林. 清代北京城区房契研究. 北京：中国社会科学出版社，2000，9.

[79] 章晓懿等. 城市居家养老评估指标体系的探索. 上海：百家出版社，2007：108.

[80] 郑杭生等. 中国社会发展研究报告. 北京：中国人民大学出版社，2003，2005，2007，2008.

[81] 中国城市地图集编辑委员会. 中国城市地图集. 北京：中国地图出版社，1994.

[82]《中国人口年鉴》编辑部等. 中国人口年鉴1985. 北京：中国社会科学出版社.

致　　谢

本书是我在日本京都大学的博士研究成果，因此首先要感谢我的导师高田光雄教授，正是在他广博的学术视野的引导与热心教导下，才产生了这个有关中国老龄化进程下的大城市社区支援调查的选题。整个研究过程与我以往的建筑学教育经历和建筑师工作经历有一定距离，与我所熟悉的对城市居住区物质空间和环境的关注不同，研究更关注社区中老年人群体及与之相关的社区内的各种组织的结构和运转。我还要感谢研究室的神吉纪世子教授，她敏锐的洞察力和先进的研究方法使我受益匪浅。本研究的完成还与研究室的安枝英俊助教、森重幸子研究员、关川华同学、郭雅雯同学的帮助是分不开的，在此向他们表示衷心的感谢。

其次我要特别感谢所有在我的实地调查中协助我完成访问的人们，他们是社区相关组织的负责人或成员以及众多的长者，出于隐私的保护，在此不便明示姓名表示感谢。没有他们的帮助和配合，本研究不可能完成。在社区的调查中，正是认识了他们，看到了城市最基层的社区单元中普普通通的人们的努力与坚持，看到了年长者们积极平静的生活，听到了年长者们的意见和期望，也感受到了自己作为教师和研究者的责任所在，奠定了我未来的努力方向，即如何为社区中生活着的人们构建他们的生活支援体系。

我还要感谢对本书的研究和出版进行了资助的项目负责人贾东教授，以及于海漪副教授，他们贡献了很多有益的建议。

我还要感谢为本套丛书的出版贡献了大量时间的同事杨鑫老师和袁琳老师。

感谢为本书的翻译做了大量工作的郭诗龙、马蕊、刘文芳等同学。

最后感谢我的父母和家人对我一贯的支持。